Ce Que Font les Parrains Futés

METTRE NOTRE EQUIPE SUR LE TURBO EN MARKETING DE RÉSEAU

KEITH ET TOM « BIG AL » SCHREITER

Publié par Fortune Network Publishing

PO Box 890084

Houston, TX 77289 USA

Telephone: +1 (281) 280-9800

BigAlBooks.com

ISBN-13: 978-1-948197-95-3

TABLE DES MATIÈRES

Ce livre est dédié aux gens de marketing
de réseau de partout.

Je voyage de par le monde plus de 240 jours chaque année.
Laissez-moi savoir si vous souhaitez que tienne une
formation (Big Al Training) dans votre secteur.

→ **BigAlSeminars.com** ←

Tous les livres de
Tom « Big Al » Schreiter
sont disponibles à :

BigAlLivresEnFrancais.com

PRÉFACE

Au commencement.

Tout le monde est différent.

Et nos nouveaux équipiers sont vraisemblablement très différents de nous.

Les probabilités qu'ils joignent notre entreprise pour les mêmes raisons que nous sont minces. Alors puisqu'il s'agira en quelque sorte de leurs entreprises, tout doit graviter autour d'eux, et non autour de nous.

Trop souvent, nous sommes si préoccupés par nos propres buts que nous oublions le fait que nos recrues ont leurs propres vies et objectifs.

En tant que recruteurs et parrains avisés, on doit savoir qu'il n'y a pas de recette universelle. On devra ajuster notre mentorat aux besoins de nos nouveaux équipiers.

On peut classer notre devoir de recruteur en trois catégories :

1. Parrainer. Nous allons réserver le parrainage ou le mentorat à l'élite, c'est-à-dire, à la minorité qui a déclaré : « Je ferai tout ce qu'il faudra pour atteindre mes objectifs. » Ce sont les équipiers qui méritent notre temps et notre attention. Ce qu'ils

attendent de nous, c'est un accompagnement étape-par-étape. Ce sont nos futurs leaders en devenir.

2. Coaching. La plus grande partie de notre mandat de recruteur consistera à enseigner (coaching) aux membres de l'équipe comment développer leurs entreprises. Qui sont-ils ? Ce sont ceux qui ont déclaré : « Je ferai de mon mieux ! » C'est un niveau d'implication très louable, alors nous allons les aider à faire de leur mieux.

3. Jouer au psychologue. Certains de nos équipiers auront une attitude qui requiert un peu plus de travail. Ils ont déclaré : « Je vais essayer. Mais tout d'abord, laisse-moi trouver des excuses qui confirmeront que cette entreprise n'est pas pour moi. Je vais probablement me plaindre à répétition, et il y aura toujours des raisons qui m'empêcheront d'avancer. » À ces membres de notre équipe, on peut toujours accorder un peu temps pour jouer les psychologues à temps partiel. Cependant, on préfère limiter cet acte bénévole lorsqu'on débute notre carrière. On doit plutôt investir ce temps dans le développement de notre entreprise.

Ce livre se penchera uniquement sur le parrainage et le coaching. Nous allons laisser le travail de psychologue aux professionnels. Ils ont choisi ce métier, investi des années en études universitaires et acquis des années d'expériences pour assumer cette responsabilité. Pas nous.

ON NE VEUT PAS ÊTRE CETTE PERSONNE.

Moi : « Je démarre tout juste. Je suis timide. Je ne sais pas comment faire des approches et parler aux gens. »

Parrain inutile : « Ne me fait pas perdre mon temps. Quel est le véritable problème ? »

Moi : « J'ai peur de mon ombre. »

Parrain inutile : « Alors sors et va recruter la nuit. »

G-r-r-r-r.

On ne veut pas être ce type de parrain.

Que signifie le terme « parrain » en marketing relationnel ?

Peut-on s'entendre sur le fait qu'il suggère d'aider les nouvelles recrues qui ignorent comment naviguer dans cette nouvelle carrière ?

C'est trop facile de voir le monde en se limitant à notre point de vue. On oublie souvent à quel point nous étions incompétents à nos débuts. On oublie les peurs qui nous clouaient au sol. Alors oui, cela représente toujours un défi de faire un pas en arrière pour se mettre dans la peau de nos nouveaux équipiers.

Mais en tant que parrains futés, on peut faire mieux soit : comprendre et user d'empathie. Ça n'est pas difficile à faire. On doit tout simplement commencer par l'endroit où ils sont maintenant, puis les prendre par la main et leur indiquer les étapes à suivre pour atteindre l'endroit où nous sommes maintenant.

EN QUEUE DE PELOTON ? PAS SI MAL.

Au début de ma carrière, mon recruteur avait lancé un concours. Le défi était de recruter quatre nouveaux équipiers le plus rapidement possible.

Je suis arrivé… dernier.

Mais j'étais tout de même devant ceux qui n'avaient pas terminé la course.

Et loin, bien loin devant les membres de l'équipe qui ne s'étaient même pas lancés.

Comment, avec toute mon incompétence de l'époque, suis-je arrivé à damer le pion à tous ceux qui n'ont jamais démarré ou terminé ?

Secret #1 : Motivation. J'avais le désir de terminer la course.

Ouais. Il aurait été bien plus avisé d'acquérir une compétence ou deux, mais à cette époque, je ne savais pas qu'il existait des compétences. J'étais l'exemple typique de l'incompétence, mais avec le feu au derrière. La motivation, c'est tout ce que j'avais.

Comment je l'ai trouvée ?

J'ai dû travailler fort pour remporter la dernière place… très fort. J'avais besoin de beaucoup de motivation pour faire face au rejet que je provoquais avec mes mots et mes phrases in-efficaces. Lorsqu'on ne possède pas les compétences, on doit mul-tiplier par 100 les efforts pour obtenir le même résultat. J'ai travaillé excessivement fort pour obtenir cette dernière place.

Mon autre secret ?

Voici comment j'ai acquis cette motivation.

J'ai grandi sur une ferme. Presque toutes les tâches pre-naient plusieurs jours à compléter. Comment y arrivions-nous ?

Il suffisait de démarrer.

Puis, de continuer.

Et quelques jours plus tard, on terminait le projet... puis on en démarrait un autre. Mon frère et moi étions contraints à développer cette habitude (Père nous réveillait tôt chaque matin.) C'est donc ce que nous faisions, chaque jour, sans se poser de questions.

De cette expérience, j'ai appris à me lancer dans un projet et faire des progrès tout en sachant que l'objectif serait atteint automatiquement avec le temps. Nous n'avons jamais songé à l'objectif. Je n'avais même jamais entendu le mot « objectif » ou « but » avant de me lancer en marketing relationnel. Tout ce que je connaissais était :

1. Démarrer.

2. Effectuer une tâche pour laquelle j'étais qualifié afin de faire avancer les choses.

3. Et le projet serait éventuellement terminé.

Qu'est-ce qui fait la différence ?

Relisez le point 2 : « Effectuer une tâche pour laquelle j'étais qualifié afin de faire avancer les choses. »

Les mots-clés sont : « pour laquelle j'étais qualifié. » C'est ici que se cache le second secret qui nous empêche d'avancer.

En marketing relationnel, on demande aux gens de faire des choses qu'ils n'ont pour la plupart jamais faites. Ils ne savent pas comment effectuer la tâche. Ouch !

Lorsqu'un de nos équipiers n'arrive plus à avancer, il faut trouver la source du problème :

1. Manque-t-il de motivation pour démarrer la tâche ?

2. Ou ce sont ses compétences pour accomplir la tâche qui sont déficientes ou inexistantes ?

Je n'ai jamais eu de problème de motivation lorsque j'étais jeune. Mon père s'en est assuré.

Quant aux compétences ? Papa a toujours su nous assigner, à mon frère et moi, des tâches que nous pouvions accomplir en tant qu'enfants. Donc, rien pour nous effrayer, ou nous mettre en danger. Et rien d'impossible à faire non plus. Simplement des choses à notre portée.

La plupart des gens ne craignent pas le travail. Ils savent très bien que développer une entreprise de marketing relationnel demandera des efforts et ne se fera pas tout seul. Ils sont d'accord pour travailler.

Mais ils ne sont pas intéressés à exécuter des tâches qui les effraient ou qui leurs semblent impossibles. Ce qui leur fait le plus peur ?

- Prendre des rendez-vous.
- Rencontrer des étrangers.
- Donner des présentations.
- Et pour les nouvelles recrues, la liste s'allonge encore et encore.

On comprend maintenant pourquoi certains nouveaux équipiers super enthousiastes quittent soudainement. Leur motivation n'était pas en cause. Ils ne voulaient tout simplement pas faire face au rejet et à l'échec qui leurs semblaient inévitables vu leur manque de compétences.

Ils se sont dits : « Hé ! J'ai suffisamment de nourriture dans le frigo. Je n'ai pas besoin de m'imposer ce sentiment désagréable d'incompétence. Laissez-moi plutôt me détendre et regarder la télévision. Développer une entreprise est beaucoup trop exigent. »

En tant que parrains futés, on doit être conscients que les nouveaux membres n'ont pas le même niveau de compréhension que nous. Pour la plupart d'entre eux, c'est une toute nouvelle profession. On ne peut donc pas s'attendre à ce que toutes nos recrues possèdent toutes les compétences de toutes les professions dans l'Univers. Ils n'ont pas appris les rudiments du marketing relationnel sur les bancs d'école.

CONNAÎTRE NOTRE NOUVEL ÉQUIPIER.

Le leader en marketing relationnel, Wes Linden, raconte une histoire. Il demande aux principaux leaders de son équipe : « Pouvez-vous me dire le motif du tapis dans le salon de votre nouvelle recrue ? »

Ses leaders n'en ont aucune idée.

Comment pouvons-nous communiquer et motiver notre nouvel équipier à un niveau supérieur si nous n'avons pas d'abord établi une bonne relation avec lui ? On doit comprendre :

1. Pourquoi il a décidé de joindre notre entreprise.

2. Jusqu'où il souhaite développer leur entreprise.

3. Comment il désire atteindre cet objectif.

Est-ce qu'on connaît les buts de chacun des membres de notre équipe que nous avons recrutés personnellement ? Si c'est non, ce pourrait être un indice qu'on doit faire du rattrapage et devenir de meilleurs parrains.

Jetons un œil à ces trois questions d'un peu plus près.

#1. Pourquoi ont-ils décidé de joindre notre entreprise ?

Ma source de motivation lorsque j'ai démarré ? Je ne voulais plus travailler dans un bureau. C'était ennuyant, les possibilités d'avancement étaient minimes et lointaines, et je n'avais aucune passion pour ce travail que j'exerçais. Quant à la motivation de Keith ? Il désirait gagner plus d'argent que son professeur du lycée afin de pouvoir se concentrer sur sa passion pour la batterie et son groupe rock. Deux motivations totalement différentes. On doit donc connaître et comprendre les motivations de nos nouveaux équipiers.

#2. Jusqu'où souhaitent-ils développer leur entreprise ?

Pour certains membres de notre équipe, un revenu à temps partiel pour libérer leurs dettes de cartes de crédit est tout ce dont ils ont besoin. Ils apprécient leur carrière. Ou ils sont persuadés que la vie est risquée sans le revenu provenant d'un emploi salarié. D'autres membres pourraient vouloir gagner suffisamment d'argent pour s'acheter un petit pays. Nous aurons naturellement des conversations différentes avec chacun de ces équipiers.

#3. Comment désirent-ils atteindre cet objectif ?

Jacques souhaite préserver sa réputation auprès de ses confrères comptables. Il choisit donc de promouvoir son entreprise uniquement auprès de gens qu'il ne connaît pas. Quant à Marie, elle ne pense qu'à une chose : partager son entreprise avec tous les gens qu'elle connaît.

Certaines personnes choisissent le chemin le plus long, pendant que d'autres mettront toutes leurs inhibitions et leurs peurs au rencart et feront tout ce qu'il faut pour atteindre leurs objectifs le plus rapidement possible.

Parler aux gens « à froid » est une méthode confortable pour certains. Tandis que d'autres sont plus prudents et préfèrent investir du temps pour développer la relation ou éduquer leurs prospects.

Nos équipiers sont tous différents. Notre système ou stratégie ne pourra jamais être parfaite pour tout le monde. Jessica adore faire de l'animation. Lorsqu'on lance l'idée de tenir une présentation maison pour un nouveau lancement, Jessica prépare déjà les rafraîchissements et dresse la liste des invités. Elle est dans sa zone de confort. Elle fait régulièrement de l'animation et, elle est impatiente de développer son entreprise de cette façon.

Un autre de nos équipiers vient de changer de ville et ne connaît absolument personne. Une présentation maison n'est absolument pas envisageable. La participation serait... nulle. Avec son carnet de contacts éparpillés partout sur le continent, on devra utiliser une méthode différente. On devra se poser la question : « Comment ce nouvel équipier préfèrera-t-il communiquer ? Qu'est-ce qui lui semblera le plus naturel ? »

Voici toute une liste d'options disponibles :

- Appels téléphoniques.
- Médias sociaux.
- Messagerie texte.
- Rencontres en personne.
- Courriels.
- Vidéoconférences Zoom.

Ces trois questions nous permettent de dresser un portrait sommaire. Mettre en place un plan d'action et une méthode de travail adéquats pour nos nouveaux équipiers sans connaître ces lignes directrices serait plutôt difficile et, vraisemblablement inefficace.

QUELQUES EXEMPLES DES PROFILS QU'ON PEUT DRESSER À PARTIR DE CES TROIS QUESTIONS.

L'histoire de Robert.

Un de mes premiers leaders, Robert, était analyste en systèmes informatiques. Vert foncé dans la charte des couleurs de personnalités, il n'était pas d'un naturel très extraverti. Voici comment il a répondu à ces trois questions.

#1. Pourquoi je désire joindre cette entreprise ? Robert a répondu : « Je dois passer deux heures par jours dans le train pour le travail. Un emploi qui paie bien, certes, mais où je ne croise que d'ennuyants programmeurs qui n'ont aucuns objectifs. On ne discute jamais de ce que nous pourrions faire d'autre de nos vies. Je souhaite avoir ma propre entreprise, être investisseur, et passer plus de temps avec mes six enfants. En fait, je pense que je peux gagner plus d'argent si je suis payé à ma véritable valeur. »

En tant que frère de couleur (je suis vert aussi), c'était facile pour moi d'établir une connexion avec Robert. Nous regardions le monde du même point de vue. Les ingénieurs, comptables et programmeurs informatiques comprennent l'effet levier, et la puissance dans le fait de combiner les efforts de plusieurs personnes. On saisit tout de suite le potentiel du marketing relationnel.

Malheureusement, en tant que personnalités de couleur verte, nos compétences en matière de relations humaines sont habituellement nulles, ou presque. Il faut plus que des compétences en mathématiques pour ériger une entreprise. Personne ne joint les rangs du marketing relationnel uniquement pour son potentiel mathématique car il est clair qu'on doit interagir avec les gens. La bonne nouvelle ? Cette compétence, on peut l'acquérir !

#2. Jusqu'où est-ce que je désire amener cette entreprise ? Robert a répondu : « Je désire un revenu temps plein. Si je calcule le temps passé au bureau et dans le train, c'est 11 heures de chacune de mes journées qui s'envolent. Je peux faire plus que superviser d'autres programmeurs, diriger des gens et remplir des formulaires. Avec un revenu temps plein dans mon entreprise de marketing relationnel, je pourrai prendre du temps pour étudier et faire des investissements afin de sécuriser mon avenir. »

Robert avait un plan. Il voulait investir dans l'immobilier et les actions, et générer son revenu principal grâce à son entreprise de marketing relationnel. Il s'est instruit sur différents types d'investissements, sur notre ligne de produits, et sur la façon de devenir un meilleur réseauteur.

Est-ce que le plan de Robert a fonctionné ? Non.

Sortir de sa zone de confort et faire de nouveaux contacts par le réseautage ne convenait pas à sa personnalité. Il a donc adopté une approche plus passive. Son entreprise a connu une croissance lente et n'a jamais dépassé le statut de « bon » revenu d'appoint. Mais il a utilisé ce revenu supplémentaire pour payer sa maison. Il a ensuite utilisé ce même revenu en y ajoutant son paiement d'hypothèque habituel pour investir. Il a éventuellement atteint son objectif, soit un revenu temps plein généré par son entreprise de marketing relationnel et ses investissements, principalement de ses investissements.

#3. Comment je désire atteindre ces objectifs d'entreprise ? Robert n'a jamais contacté d'étrangers. Il n'a jamais participé à des groupes de réseautage. Il a préféré utiliser les bénéfices des produits et les références de ses clients pour développer une clientèle fidèle. Ce fut sans doute plus long, mais c'était compatible avec sa zone de confort. Il aimait partager les bénéfices des produits. J'ai supporté la décision de Robert de développer à son rythme et d'une façon qui lui plaisait.

L'histoire de Sylvie.

Un autre de mes premiers leaders se nommait Sylvie. Elle était esthéticienne et elle possédait son propre petit salon de beauté. Pas d'employés, elle gérait tout. Voici comment elle a répondu à mes trois questions.

#1. Pourquoi je désire joindre cette entreprise ? Sylvie a répondu : « J'ai 48 ans. Je suis debout sur mes pieds neuf heures par jour pour aider mes clientes à être belles. Je travaille six jours par semaine avec les lundis seulement pour me reposer. Cela dit, je dois utiliser une partie de cette journée de congé pour courir chez les fournisseurs et acheter les produits dont j'aurai besoin durant la semaine. À la fin de la journée, je suis trop fatiguée pour avoir une vie sociale. Je ne m'imagine pas continuer à faire ça pour les 17 prochaines années avant ma retraite. »

Sylvie ne comprenait rien au plan de rémunération. Elle n'avait aucune idée du fonctionnement des niveaux d'avancement. Mais elle était une réseauteuse naturelle, conversant avec une multitude de gens au quotidien. Elle savait comment les écouter et leur parler en focalisant sur leurs intérêts.

#2. Jusqu'où est-ce que je désire amener cette entreprise ? Sylvie a répondu : « Je désire me qualifier pour la prime automobile. Je n'ai jamais eu de voiture neuve de toute ma vie et c'est maintenant ou jamais. Surtout si quelqu'un d'autre fait les paiements. Je peux aussi me qualifier pour les voyages… ça me semble très excitant ! Je sais très bien où me mènera ma carrière actuelle, et je ne veux pas en arriver là. Si tout ce que dois faire, c'est de parler aux gens pour démarrer cette nouvelle carrière, je peux le faire. Je veux éventuellement faire une croix sur mon salon de beauté. »

C'est parfois facile de développer certains leaders comme Sylvie. Non seulement ils ont déjà la motivation personne, mais ils possèdent aussi de super qualités de communicateurs et de réseauteurs. Sylvie savait quelle direction elle voulait prendre. Elle n'allait certainement pas se laisser dévier de sa route par des distractions et des activités inutiles.

#3. Comment je désire atteindre ces objectifs d'entreprise ? Pour Sylvie, c'était plutôt facile. Sa clientèle régulière constituait une audience captive. Ses clientes la connaissaient, l'aimaient bien et lui faisaient confiance. Elle n'avait pas besoin de développer davantage de connexion. Il ne lui restait qu'à utiliser un bon brise-glace, et ses clientes pouvaient prendre des décisions immédiates. De plus, Sylvie bénéficiait d'un achalandage naturel de nouvelles clientes dans son salon. Chaque jour, elle rencontrait de nouveaux prospects. Elle n'avait pas à faire des appels à froid, joindre des groupes de réseautage, ou faire quoi que ce soit à l'extérieur de sa zone de confort. Tout ce qui lui restait à faire, c'était d'apprendre à parler de façon efficace aux prospects déjà en place dans son salon !

Sylvie s'est qualifiée pour la prime automobile. Elle a mérité un premier voyage toutes dépenses payées. Elle a doublé ses revenus d'esthéticienne, fermé son salon, et elle n'a jamais plus regardé derrière. Elle avait un objectif clair, et elle développé son entreprise sans sortir de sa zone de confort.

L'histoire de Mr. Poh.

Au début des années 1990, la Chine a commencé à s'ouvrir au marketing relationnel. Mon ami, monsieur Poh, s'est alors dit que l'entreprenariat était plein de bon sens. Voici comment il a répondu aux trois questions.

#1. Pourquoi je désire joindre cette entreprise ? M. Poh a répondu : « Le futur, c'est la Chine. Mais nous n'en sommes pas encore là. Il faudra du temps pour changer des décennies de pensée rigide. Je peux aider ma famille et mes amis à rêver de ces nouvelles possibilités. Être entrepreneur et posséder sa propre entreprise sera sans doute difficile. Mais je désire faire partie du changement. Alors que personne n'y croira, je désire être la petite lumière dans leur mémoire qui a su croire en eux et en leur avenir. Je recherche le respect. »

On oublie parfois que nos carrières de réseauteurs ne se limitent pas au pouvoir de l'argent. Nous pouvons donner l'espoir aux gens et changer leurs vies. Pensez aux multiples motivations possibles des êtres humains. Reconnaissance, pouvoir, besoin de contribuer à quelque chose, laisser un héritage, la capacité de changer des vies, l'opportunité d'inspirer les gens à se dépasser. La satisfaction reliée à notre carrière de réseauteur peut souvenir devenir plus importante que le chèque de commission qu'on reçoit chaque mois. L'argent, nous allons le dépenser… mais la satisfaction personnelle que procure le fait d'aider des gens restera gravée à jamais.

#2. Jusqu'où est-ce que je désire amener cette entreprise ? M. Poh a répondu : « Je me vois, debout, m'adressant à des groupes de sceptiques. En tant que leader des ventes, les gens auront du respect pour le message que je transmettrai. C'est ce que je vais enseigner à ces groupes qui multipliera mon pouvoir d'influence auprès des autres. Ville après ville, je désire initier les gens au potentiel du marketing relationnel. Ils n'obtiendront aucune garantie, mais ils auront l'opportunité de changer leurs vies. »

M. Poh était jaune dans les typologies des personnalités. Sa vision des choses était teintée par son désir viscéral d'aider les autres.

#3. Comment je désire atteindre ces objectifs d'entreprise ? Pour monsieur Poh, c'était une évidence. Il désirait parler à des gens, trois fois par jour, pour les initier à une nouvelle façon de penser : « le marketing relationnel. » Il adorait enseigner. Il aimait aussi prendre le podium et le micro devant des salles bondées. C'était si agréable pour lui qu'il l'aurait fait bénévolement. Il s'est baladé, de ville en ville, pour promouvoir son entreprise en invitant les gens à assister à ses formations. C'est ainsi qu'il a érigé l'entreprise de ses rêves. Tout ce qu'il m'a fallu faire, c'est de lui fournir les bases du marketing relationnel et de m'écarter de son chemin.

Pourquoi ces trois questions ?

Elles permettent de déterminer les fondations sur lesquelles nous pouvons motiver, guider et former nos nouveaux équipiers. Inspectons ces trois questions une à une afin de voir et comprendre ce qu'elles nous permettent d'accomplir.

#1. POURQUOI JE DÉSIRE JOINDRE CETTE ENTREPRISE ?

Si les gens se joignent à notre entreprise sur un coup de tête, une simple bourrasque pourrait faire chavirer leur entreprise. Il y aura toujours des périodes difficiles à traverser. Aucune entreprise ne suit une ligne droite vers le succès affronter la tempête.

Une fois que nous connaissons leurs « pourquoi, » on replonge régulièrement nos nouveaux équipiers dans leurs sources de motivations internes. Voici un exemple.

Le « pourquoi » de Jean est de permettre à sa conjointe de quitter son emploi. Lors d'une conversation téléphonique avec Jean durant laquelle il nous annonce qu'il a parrainé un nouveau distributeur, on peut ajouter : « C'est super ! Tu vas aider une autre personne à concrétiser ses rêves. Sans compter que tu te rapproches de plus en plus du jour où ta conjointe pourra quitter son emploi ! Elle sera tellement heureuse. »

Parfois, quand on se sent déprimé, on oublie le « pourquoi » de notre mission. C'est plus facile de maintenir au top la motivation de nos équipiers en leur rappelant régulièrement leur « pourquoi. »

Aussi, il est plus approprié de rappeler à Jean son « pourquoi » quand les choses vont bien. Le faire quand les choses vont mal pourrait être interprété comme du chantage. Même si ça n'est pas notre intention, ce qu'on dit à Jean dans les moments plus difficiles pourrait être interprété comme ceci : « Alors, tu veux abandonner ? J'imagine que tu te fous d'aider ta conjointe à prendre sa retraite. » Vous sentez le malaise... de quoi refroidir la connexion.

Lorsqu'on échange avec les gens à propos de leurs désirs et objectifs les plus chers, on développe un lien qui demeure fort malgré les tempêtes. Plusieurs décrivent le marketing relationnel comme une entreprise basée sur les relations.

Ça n'est pas comme une transaction sur internet, c'est-à-dire un échange ponctuel d'argent contre un produit ou un service. Le fait de connaître les objectifs de nos membres et leur rappeler est en partie ce qui explique que certains groupes sont soudés et loyaux, pendant que d'autres se désintègrent rapidement et cherchent la nouvelle affaire.

Voici le principe motivationnel dont on devrait toujours se souvenir :

« La plupart des gens cherchent à fuir leurs problèmes, et non à avancer vers leurs buts. »

Lorsque des gens joignent notre entreprise, on se dit : « Wow, ils veulent ce que j'ai à offrir. »

Ça n'est peut-être pas la réalité.

Ce qui est plus probable, c'est que leur motivation première est de réduire la douleur de leur situation actuelle. Pensez à ces quelques exemples.

Exemple #1. Est-ce que les gens se pointent sans raison chez un concessionnaire automobile pour impulsivement s'acheter une nouvelle voiture ? Non. Ils le font pour fuir leurs problèmes. Quels problèmes ? Leur véhicule prend de l'âge et commence à tomber en morceaux. Ou encore, leurs amis roulent dans des voitures plus récentes et ils souhaitent faire partie du clan.

Exemple #2. Le lavabo de la cuisine est brisé. Pourquoi se rend-on à la quincaillerie ? Parce qu'on veut résoudre le problème.

Lorsqu'on fait face à des problèmes, on se dit : « Je dois chercher une solution pour résoudre ce problème. Quelles sont les solutions possibles ? »

Alors lorsque nos nouveaux équipiers joignent notre entreprise, on peut prendre pour acquis qu'ils tentent de solutionner un problème. Ils cherchent à fuir la pauvreté, le manque de temps, ou le sentiment d'être dans un cul-de-sac sans porte magique menant à la liberté. Ou peut-être fuient-ils une vie sans gratification, ce qui les rend impatients de partager nos produits et services avec les autres.

Ils ne nous avoueront peut-être pas leurs problèmes, mais ce sont ces problèmes qui les ont motivés à faire ce pas vers un changement avec nous.

Les gens feront davantage d'efforts pour éliminer un problème que pour progresser vers un objectif. Tout le monde déteste les problèmes.

#2. JUSQU'OÙ EST-CE QUE JE DÉSIRE AMENER MON ENTREPRISE ?

Tôt dans ma carrière, j'ai fait l'erreur de penser que tout le monde souhaitait congédier son patron et avoir sa propre entreprise. J'avais tort. C'était ma perception de ce que l'entreprise pouvait offrir... mais ça n'était définitivement pas la façon dont mes équipiers voyaient les choses.

Certains souhaitaient avoir un peu plus d'argent de poche. Je me souviens d'un homme du Missouri qui m'a dit : « J'ai gagné 50 $ le mois dernier grâce à mon entreprise. » Ça ne semblait pas beaucoup, mais il était très excité et je me demandais pourquoi.

Il a poursuivi : « Mon travail ne me rapporte pas beaucoup d'argent. Après avoir réglé les factures du mois, il ne me reste que 5 $ à dépenser. Grâce à ce 50 $ supplémentaire, j'ai dix fois plus d'argent à dépenser ; c'est inespéré ! Je peux maintenant aller au magasin et acheter quelque chose. Je peux me payer un repas au restaurant. C'est une toute nouvelle vie pour moi. »

Pour cet homme du Missouri, l'objectif premier était un petit revenu d'appoint à temps partiel. Il n'avait rien de plus que 50 $ par mois en tête. L'inciter à vouloir un revenu plus élevé ne lui aurait pas rendu service. La bonne stratégie était plutôt de l'aider à solidifier ce 50 $ par mois jusqu'à ce qu'il désire, par lui-même, augmenter ce revenu et par conséquent, son style de vie.

Et pour d'autres membres ? Certains pourraient vouloir développer un revenu à temps partiel significatif pour contribuer à une fondation qui leur tient à cœur. Plus leurs revenus augmentent, plus la fondation pourra aider de gens. À ces membres de l'équipe je rappellerais ce que d'autres ont accompli eux aussi pour une fondation par le passé. Cela les aide à garder le focus et continuer à travailler, même durant les périodes plus chargées dans leurs vies. Ils savent que les efforts continus pour développer un revenu récurrent sont nécessaires pour continuer à soutenir le budget de la fondation.

J'ai aussi recruté Michel. Il désirait générer un revenu à temps plein avec son entreprise en une semaine seulement. Nous avions un problème.

Michel a mémorisé et utilisé tous les raccourcis et les tours de magie qu'il pouvait. Pas de relations interpersonnelles, pas d'esprit de communauté, aucune stratégie à long terme. C'était un mauvais jumelage. L'histoire s'est terminée lorsque Michel a quitté notre entreprise pour en joindre une autre qui promettait la richesse instantanée. C'était une bonne chose de pouvoir déterminer dès le départ que les objectifs irréalistes de Michel saboteraient tout son travail. Ça nous a permis à tous les deux d'éviter des discussions houleuses.

« Jusqu'où est-ce que je désire amener mon entreprise ? » Cette question nous aide à tracer un chemin plus adapté pour chacune de nos nouvelles recrues.

Que faire si des membres de notre équipe trouvent difficile d'établir des objectifs ?

Voici deux solutions rapides pour résoudre ce problème.

Les nouveaux membres peuvent parfois être timides ou réticents à partager leurs objectifs. Ils ne mettront rien sur papier. En tant que parrains futés, nous allons les aider à se débarrasser de leurs inhibitions. Comment ?

1. Dans nos livres sur le leadership, nous avons mentionné cette méthode. Nous avons demandé à chaque membre de notre équipe de faire une liste de 25 choses qu'ils feront APRÈS avoir atteint un certain objectif. Cela peut sembler intimidant pour un nouvel associé, alors disons plutôt ceci : « Pourrais-tu s'il-te-plaît écrire trois choses que tu feras après avoir reçu ton premier chèque de commission. »

2. Voici une autre technique encore plus courte. Le professionnel du marketing relationnel Lloyd Daly d'Angleterre dit : « Faites comme si... » Faire comme si (prétendre) ne semble pas aussi intimidant pour nos nouveaux équipiers. Ils peuvent par exemple prétendre atteindre un certain niveau, et celui-ci devient leur objectif.

Voilà comment aider nos nouveaux membres à relâcher la pression, et leur permettre de rêver un peu.

La prochaine question, la #3, est majeure. Nous allons en découvrir les secrets dans le prochain chapitre.

#3. COMMENT JE DÉSIRE ATTEINDRE CES OBJECTIFS D'ENTREPRISE ?

Voyons notre but comme la direction qu'on désire prendre.

Ceci dit, savoir dans quelle direction on désire aller n'est pas suffisant pour que la magie opère.

C'est l'activité qui nous fera progresser vers nos objectifs. Trop de nouvelles recrues se fixeront des objectifs et penseront que le tour est joué. La réalité ? Se fixer des buts signifie qu'on sait quelle direction on veut prendre, et non pas que nous sommes arrivés à destination.

« Comment je désire atteindre mes objectifs d'entreprise ? » Voici un fait qui vous surprendra : on doit adapter la réponse pour chacun des nouveaux membres en fonction des talents et/ou des opportunités auxquels il a déjà accès.

C'est majeur. Pourquoi ?

1. On reconnaît que chacun de nos nouveaux membres disposent de talents et de ressources qui lui sont propres.

2. Et on sait que chacun de nos nouveaux membres sont soumis à des programmes internes qui les empêcheront d'utiliser certaines méthodes pour développer leurs entreprises.

C'est trop facile de croire que notre façon de faire est la seule méthode valable. Nos expériences nous permettent de valider nos propres croyances. Et une fois que nous avons découvert cette « vérité » suprême, on désire prêcher cette vérité au monde entier. Les leaders égocentriques font souvent cette erreur. Vous voulez un exemple de cette « vérité » qui dérape ?

Le leader retourne à la maison après une formation extrêmement motivante. Il flotte sur un nuage et ne fait aucunement attention à ce qui se passe sur la route. Qu'arrive-t-il ? Le leader emboutit la voiture devant lui. Le conducteur de l'autre véhicule sort de l'habitacle encore étourdi par l'impact et frottant sa nuque endolorie. Notre leader s'avance vers lui en disant : « Venez ! Prenez ces vitamines magiques. » Le jour suivant, le conducteur recontacte notre leader et dit : « Wow ! Je me sens formidable grâce à vos vitamines. Ma douleur dans le cou est totalement disparue, et j'ai plus d'énergie qu'un écureuil hyperactif à qui l'on vient d'injecter de la caféine. Comment puis-je joindre votre entreprise ? »

La suite ? Le leader parraine son meilleur distributeur à vie. Il croit avoir découvert la recette du succès. Son plan ? Enseigner les secrets de ce système à succès à toute son équipe. Il invite donc tous les membres de son équipe à emboutir l'arrière des voitures aussi souvent que possible et de remplir la valise d'échantillons de vitamines. D'après son expérience, c'est hors de tout doute la meilleure méthode pour dénicher de super leaders.

Les choses tournent rapidement au vinaigre. Les nouveaux membres de son équipe refusent de causer des accidents. Ils ne sont pas loyaux. Ils leur dit : « Sortez de mon équipe ! » Ou encore : « Ne perdez pas de temps à recruter les gens qui ne conduisent pas. Ce ne sont que des perdants qui ne pourront jamais réussir dans notre entreprise. »

Quelque chose qui cloche ? Ce qui a fonctionné pour ce leader pourrait bien ne pas fonctionner pour les autres membres de son équipe. Tout le monde a des forces, des compétences et des habiletés différentes. Voici quelques exemples.

Un leader a 96 cousins et cousines au premier degré... Sa recommandation ? « Ne parlez qu'aux membres de votre famille. C'est ce qui a fonctionné pour moi. » Et que faire si la famille n'est pas suffisamment nombreuse ? Il suggère de se marier à quelques reprises afin d'agrandir le cercle familial.

Un autre leader enseigne à son groupe de parler à 25 étrangers par jour. Cette méthode fonctionne pour ce leader qui a la couenne dure et des aptitudes particulières au téléphone. Mais ce sera très difficile pour la plupart de ses membres de dupliquer ses résultats sans ces aptitudes.

Mettre l'emphase sur une méthode pour créer la duplication ne peut fonctionner que si tout le monde possède les mêmes expériences, compétences et circonstances. Ce qui est très rarement le cas.

Alors que devons-nous dupliquer ?

On veut dupliquer les résultats.

Donc, on ne veut pas absolument dupliquer les stratégies et les méthodes pour vendre au détail ou recruter. On doit encourager et aider nos nouveaux membres à développer leur entreprise d'une façon qui leur semble confortable et naturelle.

Si les activités quotidiennes de vente et/ou de prospection sont inconfortables, nos équipiers vont rapidement abandonner la partie.

Voyez-le sous cet angle. Imaginons que nous sommes payés pour s'écrabouiller la main avec un marteau. Bien entendu, on adore l'argent, mais à certain point, nous allons cesser de frapper. Lorsque la douleur deviendra insoutenable, peu importe la récompense, on abandonnera.

Le marketing relationnel est une carrière à long terme. On souhaite que nos équipiers éprouvent du plaisir à exercer le métier.

Comment rendre les activités quotidiennes agréables pour nos équipiers.

Essayons de découvrir comment nos nouveaux équipiers préfèrent communiquer avec les gens. Si on peut incorporer des activités pour développer leurs entreprises dans leurs routines quotidiennes, alors nos recrues se sentiront bien plus confortables.

Les accros du shopping. Si notre nouveau coéquipier adore faire du magasinage, n'est-ce pas une option fantastique et naturelle pour lui de rencontrer de nouveaux prospects ? On peut l'armer du parfait brise-glace pour les commis des boutiques, un autre pour les gens dans les files d'attente, et même un pour les personnes au comptoir caisse. De cette façon, notre nouvelle recrue pourra simplement s'attarder aux volontaires. Et ça lui permet de justifier encore plus d'heures de magasinage !

Voici à quoi ses approches pourraient ressembler. Dans une conversation avec un commis vendeur, notre accroc du shopping pourrait dire : « Je suis curieux, pourriez-vous m'accorder une faveur ? Je cherche des gens qui désirent un changement de carrière qui leur permettrait de choisir leurs propres heures de travail. Vous connaissez quelqu'un que ça pourrait intéresser ? »

Les commis vendeurs pourraient répondre poliment qu'ils ne connaissent personne, ou encore exprimer leur propre intérêt envers cette opportunité. Aucun rejet. Simple et facile, et ça ne nécessite que quelques secondes.

On peut utiliser ce type d'approche à la fois pour un produit, un service, ou l'opportunité d'affaire. Notre nouvel équipier pourrait dire : « Je suis curieux, vous pourriez m'accorder une faveur ? Je cherche des grands-parents qui aimeraient avoir plus d'énergie que leurs petits enfants. Vous en connaissez ? »

Golfeurs. Lorsqu'un des membres de notre équipe est coincé pendant des heures avec trois autres personnes sur le terrain de golf, il n'a pas à jouer le tout pour le tout en utilisant un brise-glace. Il dispose de suffisamment de temps pour établir une connexion. Notre équipier adore jouer au golf sur une base régulière, et il adorera en faire un terrain de prospection.

Parents à la maison. Et que pensez-vous des médias sociaux, vidéoconférences, et bavardage dans les gradins ou au parc durant les activités des enfants ? Ça vous semble une bonne option? Bien sûr.

On pourrait présenter une foule d'autres exemples. Le point à retenir est qu'on doit rendre le processus agréable.

Si vous avez lu le livre « 3 Habitudes Faciles pour Marketing de Réseau, » alors vous savez déjà que l'habitude #2 se résume à parler à une nouvelle personne par jour. Et il faut trouver une façon d'y arriver tout en demeurant dans sa zone de confort.

La zone de confort est importante. C'est lorsqu'on se sent inconfortables qu'on cherche des motifs pour procrastiner ou pire encore, abandonner.

« Des études récentes démontrent que le fait d'éviter tout contact avec les prospects augmente vos chances d'échouer de plus de 100%. »

Bon d'accord, c'est un peu sarcastique... Mais vous saisissez le message. Développer une entreprise de marketing relationnel consiste à dénicher et parler à de nouveaux prospects pour leur proposer quelque chose et obtenir des décisions. C'est l'essence de notre travail. On ne peut pas obtenir de décisions si on ne parle à personne.

Si nos nouveaux équipiers génèrent un flux continu de nouveaux prospects, leur niveau de stress tombe. Ils ne se soucient plus de leur potentiel de succès car ils savent qu'il est inévitable. S'ils connaissent une mauvaise semaine et que personne n'est intéressé, ils savent que la semaine suivante sera probablement mieux.

Avoir de nouveaux prospects tous frais à qui parler règle la plupart des problèmes.

On doit installer nos nouveaux membres dans une routine quotidienne qui garantie leur succès éventuel.

Et oui, ce pourrait être une routine différente pour chacun d'eux. Prendre le temps qu'il faut pour déterminer et instaurer cette routine est très important car une fois en place, elle constituera la base de son succès, et du nôtre par ricochet.

Lorsque notre groupe prend de l'ampleur, notre chèque de commission est de moins en moins lié à notre recrutement personnel, reflétant de plus en plus les activités de notre équipe.

Nous avons à la fois créé une culture pour nos membres dans laquelle ils ont du plaisir à développer leurs entreprises en se sentant respectés et reconnus pour leurs efforts.

Éliminer l'idée d'abandonner.

Personne n'abandonne lorsque les prospects abondent et le carnet de rendez-vous déborde en marketing relationnel.

On ne sait jamais si le prochain prospect sera celui qui nous rendra riche. Et si le prospect devant nous est indécis, on ne prend pas panique. Nous avons d'autres prospects qui attendent.

Comment les membres de notre équipe dénichent tous ces prospects et obtiennent tous ces rendez-vous ? Eh bien, comme on l'a déjà mentionné, la méthode peut être différente pour chacun. Certains vont opter pour les médias sociaux. D'autres mèneront l'enquête pour trouver des perles rares. Une autre partie utilisera peut-être la méthode de l'escalier, ou une autre stratégie efficace pour dénicher de nouveaux équipiers.

Nous sommes tous différents, alors pas étonnant que nous soyons attirés par différentes méthodes de prospection. Ce qui compte en tant que parrains futés, c'est de dénicher des méthodes éprouvées qui seront appréciées par les membres de nos équipes, et leur permettront de progresser. J'aime bien poser cette question :

« Quelle serait la façon la plus confortable pour toi de trouver de nouveaux prospects ? »

Et puis, écoutons.

Et écoutons encore un peu plus.

Notre nouveau membre nous dira ce qu'il aime. Certains aiment appeler les gens, d'autres préfèrent réseauter en personne, ou encore placer des annonces. Quelques uns auront des accès privilégiés ou des aptitudes marketing particulières qu'ils souhaiteront mettre à profit. La méthode de prospection qu'ils désirent utiliser importe peu ; ce qui compte, c'est de les aider à trouver quelque chose qui fonctionne pour eux.

Est-ce que ce sont les trois seules questions que nous pouvons poser aux membres qui viennent de joindre notre équipe ?

Non.

Si on fait preuve d'empathie, on saura quelle direction prendre dans nos conversations, ou encore nos formations. Par exemple, supposons que nos nouveaux membres ne semblent pas totalement engagés à atteinte leurs objectifs. On pourrait alors leur poser quelques questions pour les amener à renouer avec leur engagement.

D'AUTRES QUESTIONS, D'AUTRES HISTOIRES.

Les trois premières questions des chapitres précédents nous fourniront les informations essentielles dont nous avons besoin pour être de supers parrains.

Y a-t-il d'autres questions que nous pourrions poser ? Oui, selon la situation. On remarquera parfois que certaines personnes ont peur de la vente. D'autres ne savent pas par où commencer ou encore, ont un agenda très restreint.

Regardons ensembles d'autres questions qui pourraient aider nos nouvelles recrues à démarrer plus rapidement.

« Quels types de problèmes crois-tu que nous allons rencontrer ? »

Oui, il y aura toujours des problèmes. On préfère donc parler de ces problèmes avant qu'ils ne se présentent. Il est beaucoup facile de les négocier d'emblée.

En entendant cette question, nos équipiers se demandent : « Quelles sont les choses désagréables que nous pourrions devoir affronter ? » Notre objectif étant qu'ils dressent une liste. Cette liste pourrait ressembler à ceci :

- Personne n'accepte de me parler.
- Ma famille me dit « non » et je décide d'abandonner.
- Mes amis ne me croient pas.
- Tous les gens que je connais sont paresseux.
- Je vais peut-être découvrir que je n'aime pas la vente.
- Mes amis proches vont m'inciter à abandonner.
- Je crains de travailler fort durant des mois pour, au bout du compte, perdre de l'argent.
- Quatre personnes me raccrochent au nez coup sur coup. Ce serait pour moi le signal pour jeter l'éponge.
- Ma douce moitié ne sera pas d'accord pour que je me lance dans ce projet.
- Personne ne veut acheter. Ils sont d'avis que c'est trop dispendieux.
- Je ne fais pas suffisamment d'argent pour le temps que j'y investis.
- Le développement de mon entreprise me demande trop de temps et ma famille se plaint de mes absences.
- Que mes prospects posent sans cesse la question : « Alors combien d'argent ça va me coûter pour joindre ton entreprise ? »

On profite de cette liste pour discuter des problèmes avant qu'ils se présentent.

Voici une situation qui illustre bien pourquoi on doit régler les problèmes par anticipation. On recrute un nouvel équipier. Celui-ci parle à son meilleur ami qui décide de joindre l'équipe, puis qui ferme son compte le jour suivant. Notre nouvelle recrue est dévastée. L'événement était tout à fait inattendu. En tant que parrains, on doit alors se mettre en mode sauvetage et premiers soins. C'est difficile !

Et si nous avions parlé d'emblée de l'éventualité d'un tel scénario ? Peut-être que notre nouveau membre aurait déjà préparé sa réaction. Par exemple : « Si mon meilleur ami joint mon entreprise pour quitter ensuite, ça ne sera pas suffisant pour m'ébranler. Je peux quand même aspirer au succès sans l'aide de mon meilleur ami. »

Donc, si l'événement se produit, sa préparation mentale est adéquate. La prévention est de loin préférable à l'obligation de gérer une crise à chaque situation difficile.

Lorsqu'on demande à nos nouveaux membres quels types de problèmes ils appréhendent, on en retire aussi un autre bénéfice. On peut aider nos nouveaux équipiers à évoluer et accepter le fait que les problèmes font partie de la croissance dans toute entreprise, que ce soit en marketing relationnel ou dans une entreprise traditionnelle.

Sachant cela, est-ce que notre nouvel équipier lancera la serviette face à un problème quelconque pour se joindre une compagnie concurrente ? C'est peu probable. Il sait maintenant que les autres compagnies ont aussi leur lot de problèmes. Si un réseauteur désire éviter les difficultés, changer de compagnie est rarement une solution. Lorsque nos nouveaux membres le réaliseront, ils seront prêts à affronter les premiers problèmes qui se pointeront dans leurs carrières.

QUELQUES ENTRAVES CLASSIQUES SUR LA ROUTE.

Quand on a recruté et parrainé un bon nombre de gens, on commence à remarquer des similitudes. Les mêmes objections et obstacles font surface encore et encore. En tant que parrains futés, nous avons plusieurs outils dans notre coffre qui nous aideront à créer des lignes directrices pour nos nouveaux.

Un de nos outils les plus efficaces ? Les histoires.

Les histoires sont, pour le cerveau humain, la meilleure façon d'apprendre. Pensez-y. Les contes de fées sont souvent plutôt sombres. Cependant, ils enseignent à nos enfants des leçons de vie comme se méfier des étrangers, ne pas être trop radin, etc. Nos esprits sont conçus pour comprendre la signification et tirer des leçons des histoires. Ça nous permet de les mémoriser plus facilement.

Utilisons la puissance des histoires pour contrer un premier obstacle.

« Quelqu'un m'a répondu qu'il n'était pas intéressé. »

On adore l'enthousiasme des nouveaux membres de notre équipe. Ils ont rapidement saisi le potentiel de l'opportunité, et ils prennent pour acquis que tout le monde sera aussi emballé qu'eux par cette super opportunité. Comme on le sait déjà, ça n'est habituellement pas ce qui se produit.

Dans les premiers jours, le rejet peut ébranler leur assurance. Leurs amis proches disent : « Ça n'est pas pour moi. Je ne touche pas à ces 'choses'. »

Nos nouveaux équipiers se demandent alors : « Quoi ? Aurais-je fais une erreur de jugement ? Je dois remettre en question à mon implication dans ce projet. »

Une façon simple d'apaiser nos nouveaux équipiers, c'est d'utiliser une histoire. Les histoires sont d'excellents outils pour transmettre des enseignements.

Le billet de loterie.

Supposons que vous avez des billets de loterie à vendre. Tout le monde veut avoir son billet parce que c'est demain que sera tiré le gros lot. Le plus grand lot de l'histoire. Il y a devant vous 1000 personnes qui font la queue pour vous acheter un billet.

La première personne vous dit : « Je désire vous acheter un billet s'il-vous-plait. Je veux tenter ma chance pour le gros lot demain. »

La seconde personne dit : « Oui, je désire un billet de loterie. Je ne peux pas gagner, ou du moins avoir une chance de gagner, sans avoir un billet. »

La troisième personne dit : « Je ne suis pas certain. C'est possible que je ne tire pas le billet gagnant. Laissez-moi faire des recherches sur l'histoire de la loterie d'abord. Je dois parler à mes amis. Et qu'arrivera-t-il si je ne gagne pas ? Ça pourrait bien être une fausse loterie mise en place par le gouvernement. Pourquoi ne peux-tu pas me garantir que je vais gagner ? Je veux que tu me parles et que tu tentes de me convaincre. Pourrais-tu passer les deux prochaines semaines à faire un suivi avec moi, et me consacrer ton temps précieux pour m'amener à changer d'idée ? »

Les 997 autres personnes qui attendent en ligne s'impatientent. Et vous voudriez bien vendre vos billets de loterie avant le tirage et retourner à la maison pour souper avec votre petite famille.

C'est le moment de l'histoire où vous demandez à votre nouvelle recrue : « Que ferais-tu dans cette situation ? »

Voici sa réponse : « Je serais en accord avec cette troisième personne sceptique. Je lui dirais qu'elle a tout à fait raison, et qu'elle devrait retourner à la maison pour y réfléchir. Et puis, lorsque je serai riche et célèbre, je pourrai toujours dédier une partie de mon temps pour l'aider à changer son attitude dans la vie. Mais pour l'instant, je dois vendre mes billets de loterie et prendre en mains ma carrière. »

Notre nouvel équipier comprend maintenant que tous ceux qui feront la queue ne sont pas prêts à acheter des billets de loterie. Et c'est normal. On ne le considère pas comme une attaque personnelle. On n'a pas à se torturer avec les motifs qui les empêchent d'acheter notre billet. Par exemple, quelqu'un d'autre pourrait dire : « Je n'achèterai pas de billet de loterie. Je refuse d'acheter quoi que ce soit dont le nom débute par la lettre

« L. » De notre coté, tout est OK. Si nos billets de loterie ne sont pas une option valable pour certaines personnes, alors elles devraient faire ce qui leur semble approprié dans leurs vies.

Un excellent guide pour comprendre comment approcher la vente au détail et le parrainage.

On veut trouver des gens qui veulent ce que nous offrons. Si notre offre est une bonne option pour eux, ils devraient la saisir. Si notre offre n'est pas une bonne option pour eux, alors on devrait la proposer à la personne suivante.

Bien entendu, pour nous c'est une évidence. Mais quelle pensée pourrait surgir dans l'esprit de nos nouveaux équipiers ? Ils pourraient se dire : « Je n'ai que quelques amis seulement. Je n'ai pas 1000 personnes qui font la queue pour me parler. Ma liste de prospects est limitée. Si quelqu'un me répond ne pas être intéressé, je dois tenter de le convaincre car je n'ai presque personne d'autre à qui parler. »

C'est la raison pour laquelle on enseigne aux nouveaux l'habitude #2. On leur propose des options pour prospecter chaque jour en harmonie avec leurs zones de confort. Des méthodes confortables et sans risque de rejet pour eux. Lorsqu'ils visualisent l'avènement d'un flux continu de nouveaux prospects dans un futur rapproché, il devient plus facile pour eux de se transposer dans l'histoire du billet de loterie. Ils ne perdront pas de temps à tenter de convaincre un sceptique. Et ils n'auront pas à se soucier du rejet.

Les histoires sont amusantes. Mais nous disposons d'autres outils pour aider les nouveaux membres de notre équipe.

Vous connaissez les analogies ? Jetons-y un œil.

LE POUVOIR DES ANALOGIES.

Les analogies et les métaphores aident les nouveaux membres à comprendre les principes de notre industrie. Les êtres humains éprouvent parfois de la difficulté à comprendre les nouvelles choses, à moins de pouvoir associer cette nouvelle information à quelque chose qu'ils connaissent déjà. Voici un exemple.

On regarde la photo d'une tasse. Aucun autre objet ni décor autour de celle-ci. Quelle est la dimension de la tasse ? Fait-elle la taille d'une voiture ? Ou plutôt la hauteur d'une gomme à effacer. On ne sait pas. La seule façon de deviner sa dimension est de placer un objet familier à ses cotés dans la photo. Si dans cet exemple on place une main humaine à proximité, notre esprit peut maintenant bien évaluer la taille de la tasse.

Mais il y a encore plus intéressant. Si quelqu'un nous décrit un fait, comme la dimension de la tasse, nous allons l'oublier. Par contre, si on développe notre propre conclusion en observant, ce sera plus facile pour nous de s'en souvenir. Nos cerveaux se rappellent de nos conclusions.

Comment peut-on tirer profit de cette particularité du cerveau ?

Notre nouvel équipier occupe un emploi. Il reçoit le même chèque de paie chaque semaine. Certaines semaines il travaille très fort, alors que d'autres semaines, c'est l'opposé. Mais son chèque ne change pas car il est salarié.

On doit l'aider à tirer la conclusion que ça ne fonctionne pas de cette façon en marketing relationnel. Dans notre domaine, la rémunération est directement reliée à la production personnelle. Pas de ventes, pas d'argent. Beaucoup de ventes, beaucoup d'argent.

La seule chose qui rapportera de l'argent à nos nouveaux équipiers, c'est d'obtenir des « oui » de leurs prospects. Comment peut-on leur communiquer cette information au moyen d'une analogie ou d'une histoire ?

L'histoire du patio à repeindre.

Vous m'embauchez pour repeindre votre patio. Vous me dites : « Je quitte aujourd'hui pour une semaine de vacances. Durant mon absence, pourrais-tu repeindre mon patio ? Il est plutôt petit alors tu n'auras besoin que d'une seule journée pour faire le travail. Je te paierai lorsque je reviendrai dans une semaine. » Et j'accepte votre proposition.

Puisque personne ne travaille les week-ends, il me restera cinq jours pour repeindre le patio. Je vais donc planifier mon agenda pour ces cinq jours :

Jour 1 : Célébrer mon nouveau contrat de peinture au bar du coin avec mes amis. Tournée générale !

Jour 2 : Me remettre d'une solide gueule de bois.

Jour 3 : Étudier l'histoire de la peinture.

Jour 4 : Déterminer ce que je ferai de l'argent que j'aurai gagné.

Jour 5 : Visualiser à quoi ressemblera votre patio une fois repeint.

Vous revenez ensuite de votre semaine de vacance. Je vais vous visiter et je vous demande : « Pourriez-vous s'il-vous-plait me payer pour mon travail ? »

Vous jetez un œil à votre patio et ne constatez aucun changement. Pas une seule goutte de peinture fraîche à l'horizon.

Allez-vous me payer ? Non. Vous me dites : « Tu n'as produit aucun résultat. Rien n'a été effectué. Je ne paie que pour les résultats. »

Alors dites-moi. Ces cinq jours que j'ai passés à préparer les travaux de peinture ont-ils eu une quelconque importance ? Non. Mon activité n'a produit aucun résultat. Si je répétais le même processus la semaine suivante, je n'aurais toujours aucun résultat.

Voici comment fonctionne le marketing relationnel. Nous sommes payés pour les résultats, et non pour les efforts. Nous ne sommes pas payés pour y réfléchir non plus. Même chose pour le temps investi. La seule chose pour laque nous sommes payés, c'est pour obtenir des « oui. »

Apprendre, prendre des notes, créer des tableaux de visualisation, assister à des rallyes de motivation et rencontrer des prospects n'auront aucun impact sur nos chèques de commission. Ce qui compte, ce sont les résultats.

Bien sûr, il faut s'éduquer. On devrait aussi avoir des objectifs et des rêves. On veut être fort mentalement. Mais il faut éviter de confondre ces activités avec celles qui procurent des résultats et, par conséquent, des revenus. Il faut éventuellement sortir et faire le travail.

Prêts pour une autre analogie ?

Notre nouvel équipier avoue : « J'ai peur de démarrer. J'ai peur de ce que les autres pourraient dire. Je me sens incapable de faire face au rejet. Je ne suis pas un vendeur. Harceler mes amis pour qu'ils achètent mon produit ou service ou encore, joignent mon entreprise me laissera un goût amer dans la bouche. Je ne pense pas pouvoir gérer toutes ces peurs. »

Comment devrions-nous répondre ? On pourrait bien sûr utiliser les réponses classiques et inutiles suivantes :

- « Affronte ta peur, et ta peur se dissipera. »
- « La seule façon de conquérir ta peur est de l'accepter. »
- « Reprend le contrôle de ton pouvoir et refuse de laisser ta peur t'envahir. »

Le cerveau humain ne fonctionne pas comme ça. On évite instinctivement les situations éprouvantes.

Comment peut-on fournir à notre nouvel équipier une stratégie pour contrôler sa peur ? Avec une analogie bien entendu. En voici une :

« La peur est une bonne chose. Elle nous permet d'éviter de faire des choses stupides. Nous n'allons pas la laisser nous dévier de nos objectifs, mais c'est une émotion essentielle pour assurer notre survie.

« Imagine que tu songes à te rendre au magasin pour acheter de la nourriture pour ta famille. Conduire peut être dangereux. Ta peur te permettra d'éviter les risques inutiles sur la route. Heureusement que la peur existe pour te permettre de revenir à la maison sain et sauf, avec de la nourriture pour la famille.

« C'est la même chose en marketing relationnel. Notre peur devrait nous empêcher de dire ou de faire des choses stupides. Notre peur devrait aussi nous inciter à ne pas s'acharner à convaincre des gens qui ne sont pas intéressés. Notre peur nous apprendra à aller droit au but rapidement afin d'éviter d'irriter nos prospects. On peut maintenant voir les choses de leurs points de vue et leur présenter exactement ce qu'ils recherchent.

« Tu éprouves de la peur ? Excellent ! Conserve cette peur. Elle est là pour te maintenir en sécurité, et pour te rappeler qu'il faire preuve de bonnes manières lorsqu'on parle aux autres. Notre mandat est de servir les autres, et non de leur vendre quelque chose qu'ils ne veulent pas ou dont ils n'ont pas besoin. »

Que diriez-vous d'une dernière analogie ?

Nos nouveaux membres peuvent créer beaucoup de scénarios dramatiques s'ils laissent leur imagination s'enflammer. Ils vont imaginer des situations de rejet, des difficultés de toutes sortes, de la frustration… avant même d'avoir fait un premier pas ! C'est l'occasion pour nous de réduire leurs peurs afin qu'ils puissent être plus productifs plus rapidement.

Leurs débuts en marketing relationnel est donc le moment idéal pour bien placer leur vision de la prospection et de la vente comme étant le simple partage d'une option.

Voici notre histoire.

« Vendre implique que nous devons convaincre les prospects d'acheter, même contre leur gré. Ça ne semble pas juste. C'est un peu comme approcher une personne allergique aux produits laitiers et tenter de lui vendre de la crème glacée. Peu importe la volonté qu'on y mettra, et les techniques pour fermer la vente qu'on utilisera, la bataille est perdue d'avance.

« Voyons notre entreprise de marketing relationnel sous un autre angle. On dispose de millions de prospects qui veulent ce qu'on peut leur offrir. On leur propose nos produits ou services et/ou notre opportunité d'affaire. Ils peuvent profiter de l'un ou l'autre de ces options si le moment est propice pour eux.

« Et que faire des prospects qui ne seront pas intéressés par une ou l'autre des options ? Inutile d'être en désaccord ou tenter de les convertir. Tout le monde n'est pas accroc au chocolat, partisan de la même équipe sportive, ou fou de nos produits. C'est pour cette raison qu'il existe une si grande variété dans le monde. On doit permettre aux prospects de choisir ce qui leur convient le mieux. Mais de grâce, ne leur cachons pas notre option. »

Songez à la paix d'esprit que cette analogie peut installer dans l'esprit de nouvelles recrues. Ils ne se sentiront pas rejetés personnellement. Ils sont prêts à offrir nos options à de nouveaux prospects. Et ils ne remettront pas en question le développement de leur entreprise parce qu'on leur a dit « Non. »

S'ils se sentent frustrés par un manque de résultats, nous allons leur rappeler qu'en polissant leurs compétences et en gagnant de l'expérience, les options qu'ils proposent trouveront davantage preneurs.

Le mot « option » est un mot puissant. Il libère notre tension et le stress de nos prospects. Voici l'histoire favorite de Keith pour expliquer l'approche « d'options » :

« Imaginons que toi et moi sommes assis devant un bon café. La serveuse approche et dit : ‹ Aimeriez-vous avez un peu de crème dans votre café ? › Et tu réponds : ‹ Non. ›

« La serveuse se tourne vers moi et me demande : ‹ Aimeriez-vous avoir de la crème dans votre café ? › Et je réponds : ‹ Non, je préfère mon café bien noir. ›

« On ne verra pas notre serveuse retourner à la cuisine, lancer son crémier contre le mur et hurler : ‹ On m'a rejeté ! J'abandonne ! C'est une pyramide ! ›

« Non. La crème n'était qu'une option. La serveuse ne devrait pas se formaliser du fait qu'on préfère notre café avec ou sans crème. »

Utiliser des analogies rend les nouveaux concepts plus faciles à comprendre pour les gens. En utilisant de bonnes histoires et des analogies, nos nouveaux équipiers apprendront rapidement.

Deux principes importants pour l'état d'esprit :

#1. Les gens détestent les présentations. Pour eux, une présentation signifie que nous allons tenter de leur vendre quelque chose. Ils devront trouver des raisons pour lesquelles ça ne pourra pas fonctionner afin de posséder un alibi si jamais on tente de conclure avec eux à la fin de la présentation.

Nous allons donc utiliser le mot « options. » Options signifie qu'il sera possible de dire « oui » ou « non. » Et puisqu'ils savent qu'ils devront choisir une option à la fin de la présentation, ils chercheront à la fois des raisons pour justifier un oui, et d'autres pour justifier un non. Ils seront détendus et plus neutres dans l'évaluation de nos options.

#2. Le marketing relationnel, c'est quelque chose que l'on fait pour quelqu'un, et non à quelqu'un. Les gens détectent nos intentions par la simple observation de notre langage corporel, nos micro-expressions faciales, et le ton de notre voix. Et cette analyse se déroule dans les premières secondes de la conversation.

Alors plutôt que de rechercher des « prospects, » nous allons inviter les membres de notre équipe à substituer le mot « prospects » par « les gens que je peux aider. » Bientôt nous n'entendrons plus des phrases telles que : « Je vais chercher des prospects. » Leur état d'esprit sera plutôt : « Je vais chercher des gens que je peux aider. »

COMMENT GÉNÉRER DE L'ACTION MASSIVE DANS NOTRE ÉQUIPE.

À l'approche de la convention annuelle de la compagnie, toute l'équipe travaille fort. On parle à de nouveaux prospects. On cédule des rendez-vous. Et tout le monde redouble d'ardeur pour avoir droit à sa part de reconnaissances durant la convention.

Que font ensuite les troupes après cette convention enlevante ? Rien. L'équipe attend une autre vente, promotion, ou encore le prochain événement d'importance. Tout devient calme. Le momentum s'éteint, et les choses se détériorent. Les membres de l'équipe se plaignent que ce business ne fonctionne pas. Qu'ils ne gagnent pas l'argent qu'ils croient mériter. Et que plus personne ne veut joindre l'entreprise.

En tant que parrains, on observe ce cycle encore et encore. C'est épuisant. C'est frustrant. On souhaite résoudre ce problème.

Mais comment stimuler une action continue dans nos équipes constituées de membres à temps partiel qui ont d'autres priorités dans leurs vies ? Cette entreprise, c'est peut-être notre priorité dans la vie, mais ça n'est pas leur cas…

Pour corriger cette situation, on doit comprendre la nature humaine.

Les humains aiment faire partie d'une communauté. Faire partie de quelque chose. Peu de gens préfèrent la solitude et l'exclusion sociale. Nous allons utiliser cette information pour initier une activité continue et une croissance stable dans notre équipe.

Le plan.

Regardons de plus près la réalité de nos membres à temps partiel. Ceux-ci :

- Pensent à notre entreprise entre deux émissions de télé.
- Se fixent des objectifs et les oublient.
- Ont trop de distractions.
- N'ont pas établi de stratégie simple.

Ça ne fonctionnera vraisemblablement pas. Mais avant d'ériger un plan, on doit se demander qu'est-ce qu'on veut accomplir. On souhaite que nos équipiers :

- Pensent à notre entreprise chaque semaine.
- Fassent de la prospection régulièrement.
- Soudent des liens et développent une certaine loyauté.
- Adorent les connexions sociales.
- Se sentent actifs et impliqués.
- Nourrissent leur croyance envers leur entreprise.
- Développent plus de compétences.

Trop beau pour être vrai ? Voyons comment on peut accomplir ce tour de force.

Le rapport de la vidéo ou appel conférence hebdomadaire.

Organisons une réunion d'équipe en ligne une fois par semaine. Ce meeting virtuel durera tout au plus 20 à 30 minutes. Pourquoi ?

1. On veut préserver notre temps.

2. Nos équipes vont adorer ces réunions et y prendront part si elles sont courtes. Ils seront même impatients d'y assister.

Qu'allons-nous accomplir durant ces réunions d'équipe ?

On souhaite donner aux membres de l'équipe une tâche simple qui fera progresser leur entreprise. Comme on le sait déjà, les formations et les carnets de notes sont excellents pour mémoriser et comprendre les compétences. Mais la magie s'opère lorsqu'on intègre ces compétences dans l'action.

Notre rencontre virtuelle ou téléphonique hebdomadaire ne sera pas une formation pour remplir le carnet de notes. Cette rencontre sera consacrée à... l'action !

Pas d'action = aucun résultat.

Alors quelle sera cette tâche simple ?

Dire une phrase simple, une fois par jour.

Cette phrase sera un brise-glace qui propose des options à nos prospects. Lorsqu'ils répondront à notre brise-glace, ils auront fait un choix. Cela nous permet de conclure de façon automatique.

On doit s'assurer que notre brise-glace ne provoque ni rejet, ni malaise. On veut que les membres de notre équipe puissent utiliser la phrase aisément une fois par jour. Voici quelques exemples de phrases :

- Pour les services : « Est-ce une bonne idée selon vous de réduire nos factures de services plutôt que de payer le plein tarif ? » Ou, « Est-ce que ça vous irait de pouvoir réduire votre facture d'électricité ? »
- Pour la diète : « Et-ce que ça vous conviendrait s'il suffisait de changer ce qu'on mange au petit déjeuner pour perdre du poids ? » Ou, « Je viens de découvrir comment on peut transformer notre corps en machine à brûler les graisses. »
- Pour les soins de la peau : « Est-ce que ça vous irait s'il était possible de réduire nos rides de l'intérieur ? » Ou, « Je viens tout juste de découvrir comment on peut aider notre peau à rajeunir durant notre sommeil. »
- Pour notre opportunité : « Est-ce que ça vous semble plus sensé d'être payé deux fois par mois plutôt qu'une seule ? » Ou, « Est-ce que ça vous irait de pouvoir travailler de la maison plutôt que de faire la navette matin et soir pour le travail ? »
- Pour les voyages : « Si vous préférez payer le prix du grossiste plutôt que le plein prix pour vos vacances, il faut qu'on discute. » Ou, « Que diriez-vous d'être payé chaque fois que nos amis partent en vacances ? »

Ce ne sont que quelques exemples de brise-glaces élémentaires qui amènent les prospects à prendre une décision immédiate. Et à bien y penser, on constate que toutes ces phrases sont sécuritaire et à faible teneur en risque de rejet!

Chacun des membres de l'équipe choisira une phrase par semaine qu'il aimerait utiliser. Assurez-vous qu'ils choisissent un brise-glace avec lequel ils sont confortables et qu'ils auront du plaisir à utiliser, histoire d'être détendus en présence des prospects.

Décortiquons maintenant la structure de notre meeting de 20 à 30 minutes.

D'abord, souhaitons la bienvenue à tout le monde.

Ensuite, partageons notre propre rapport ou bilan de la semaine en premier. Pourquoi ? Non pas pour impressionner les membres de l'équipe, mais pour permettre à tout le monde de se détendre. Personne n'aime se lancer le premier.

Notre rapport devrait ressembler à quelque chose comme ceci :

« J'ai choisi d'utiliser ce brise-glace pour la semaine : ‹ Si le perspective de travailler de la maison vous semble plus attrayante que de faire la navette matin et soir pour le travail, discutons ! › J'ai utilisé cette phrase six fois cette semaine. Mes résultats ? Trois personnes ont voulu en discuter sur le champ. Et voici une autre chose excitante qui m'est arrivée cette semaine. Mon fils est revenu à la maison avec son premier examen réussi en mathématiques. Son tuteur fait un excellent travail. »

Et voilà. Notre rapport peut prendre environ 30 secondes. Il sera composé de quatre éléments :

1. Le brise-glace qu'on a utilisé.

2. Combien de fois nous l'avons utilisé.

3. Les résultats obtenus en utilisant ce brise-glace.

4. Et quelque chose de bien qui nous est arrivé durant la semaine.

Voici pourquoi nous faisons ces quatre choses.

#1. Le fait de répéter notre brise-glace nous permet de nous améliorer. De plus, certains membres pourraient vouloir l'utiliser la semaine suivante s'ils le préfèrent à leur brise-glace actuel.

#2. Lorsqu'on partage avec le groupe le nombre de fois qu'on a utilisé notre brise-glace, c'est une forme d'imputabilité. Ce qui nous incite à passer à l'action ! Notre travail se limite à utiliser notre brise-glace. On ne peut pas contrôler la vie et les décisions des prospects qui l'entendront. Et le fait d'utiliser notre brise-glace fréquemment nous aide à rester motiver. On ne veut pas rapporter au groupe que nous n'avons utilisé notre brise-glace qu'une seule fois durant la semaine. Ce serait plutôt embarrassant.

#3. On rapporte les résultats obtenus en utilisant notre brise-glace. Souvenez-vous, nous sommes détachés des résultats. Le fait de rapporter nos résultats permet aux autres de réaliser que certains prospects seront intéressés et d'autres pas. C'est tout à fait normal.

#4. Raconter quelque chose de positif qui nous est arrivé durant la dernière semaine. La plupart des gens ne sont pas intéressés par notre négativité et nos problèmes. Et ceux qui apprécient la négativité n'auront qu'à se brancher sur le canal des nouvelles après la vidéoconférence. Si tout le monde rapporte une bonne chose qui s'est produite dans leurs vies, ce sera une validation sociale pour toutes les personnes en lignes que de bonnes choses peuvent se produire dans nos vies. Et lorsqu'on entend toutes ces bonnes choses qui arrivent, on développe la croyance que peu importe à quel point la semaine a été difficile pour nous, la prochaine semaine pourrait être meilleure.

Alors, on se porte volontaire pour faire notre rapport en premier. Une fois que nous avons terminé, c'est le tour de quelqu'un d'autre.

Tout le monde se lance à tour de rôle pour faire son rapport. Pour certains, cet exercice les aidera à combattre la timidité. Ce pourrait être la première fois qu'ils parlent en public ou en groupe. Et puisqu'ils sont en présence d'un groupe de supporteurs, c'est excellent pour le développement personnel.

Une fois que tous auront fait leur rapport, on devrait les remercier et les féliciter d'avoir participé au bilan de la semaine. On n'émet aucun jugement sur les membres qui n'ont pas utilisé leur brise-glace, ou encore qui bafouillent en faisant leur rapport. On encourage tout le monde.

Nous allons poursuivre avec un mot ou deux de motivation. Après tout, c'est nous qui dirigeons la rencontre. On pourrait dire quelque chose comme :

- « Je suis convaincu que vous allez tous atteindre le niveau de Super Directeur Exécutif. On ne sait pas combien de temps il faudra, mais tout le monde ici s'en approche chaque semaine. »
- « Vous ne savez pas ce qui pourrait arriver la semaine prochaine. Une personne à qui vous parlerez pourrait bien vous rapporter 20,000 $. Vos prospects ont simplement besoin d'entendre votre brise-glace. »
- « Notre travail est de donner une chance aux gens de vivre la vie de leurs rêves. Utilisons le brise-glace que nous avons choisi. Notre seule obligation et de leur offrir cette chance. La suite leur appartient. »

Ensuite ?

Une portion de cette rencontre hebdomadaire d'équipe se transforme en groupe d'étude. Nous allons choisir un livre à étudier. (Attention, conflit d'intérêt en approche… les livres de Big Al sont idéaux pour cette portion.) Rien de compliqué. Choisissez un livre simple, puis, invitez tous les membres branchés sur la rencontre à lire un chapitre par semaine. On privilégie les chapitres courts au début. Développer une habitude prend du temps.

On peut donc animer une discussion de groupe de quelques minutes pour échanger sur ce qu'on a retenu, et les principales astuces du chapitre à lire la semaine précédente. On peut aussi échanger sur la façon dont on pourrait mettre à profit ces nouvelles connaissances dans les activités de la semaine à venir.

Résultat ? Les membres qui assistent aux rencontres hebdomadaires deviennent de plus en plus efficaces au fil des semaines.

Et pour clore la rencontre, on peut annoncer les nouveautés, les changements et/ou les événements à venir dans l'équipe ou la compagnie.

Et c'est tout.

Notre vidéo ou appel conférence est terminé.

Pour les membres de notre équipe, c'est l'occasion de se mettre à jour et voir ce que leurs équipiers font chaque semaine. Ils seront impatients d'y assister. Et à la fin de chaque rencontre, tout le monde désire faire mieux durant la prochaine semaine.

Utilisons cet engagement simple de 20 à 30 minutes par semaine pour maintenir l'équipe impliquée et en action. C'est le secret d'une croissance soutenue.

En tant que parrains futés, on devrait déjà avoir en poche toute une bibliothèque d'approches. Si ça n'est pas le cas, voici deux de nos livres pour débuter : « Les Brise-Glaces » et « Premières Phrases pour Marketing de Réseau. » Vous y retrouverez des centaines de phrases prêtes à utiliser.

Si vous constatez l'enthousiasme de votre groupe envers cette rencontre hebdomadaire, la plupart d'entre eux voudront avoir leur propre copie du livre pour leur lecture de la semaine. C'est le développement personnel à l'œuvre.

Mais, soyez créatifs. Keith dirige un groupe qui décortique le livre « Réfléchissez et devenez riche » chaque semaine depuis plus de 20 ans !

C'est comme une réunion de classe chaque semaine. :) Et en prime, si on s'associe à des gens sérieux qui veulent apprendre ensemble, ça déteint sur nous.

S'associer à des gens négatifs ? Ça déteint aussi sur nous.

Vous comprenez maintenant pourquoi ces rencontres hebdomadaires fonctionnent.

UNE EXCELLENTE FAÇON D'EXPLIQUER COMMENT DÉMARRER.

J'aime bien écouter comment les autres expliquent le marketing relationnel. Il y a quelques années, j'ai saisi au vol ce petit bijou en écoutant Pete Hamby. Il expliquait sa méthode pour mettre en marche ses nouveaux membres comme ceci :

Il y a deux types de réseauteurs.

1. Ceux qui « savent qui » et...

2. Ceux qui « savent comment. »

À leurs débuts, nos nouveaux équipiers connaissent des prospects. On peut dire qu'ils « savent qui. »

Les nouvelles recrues ont un marché tout frais et tout chaud à approcher : famille, amis et connaissances. Ils n'auront pas à se soucier de développer une connexion avec de purs étrangers puisqu'ils ont déjà un auditoire à qui parler.

Mais est-ce que nos nouveaux membres savent quoi dire ? Savent-ils comment fonctionne notre entreprise ? Probablement pas. Il y a donc un écart à combler. Ils ne savent pas comment expliquer leur entreprise. Leurs approches et leurs présentations pourraient bien repousser les gens plutôt que capter leur attention.

En tant que parrains, nous possédons le « savoir comment, » ou si vous préférez, le savoir faire. Nos nouveaux membres peuvent nous mettre en contact avec leurs prospects pour observer et apprendre pendant qu'on se charge d'expliquer le fonctionnement de l'entreprise.

Éventuellement, nos nouveaux équipiers maîtriseront eux aussi le « savoir qui » et le « savoir comment. »

Ils pourront ensuite aider leurs propres nouveaux équipiers en copiant ce qu'on a fait pour eux.

Keith et moi-même adorons aider les nouveaux membres. Ça leur permet de relâcher la pression. Ils se sentent confortables en mode observation. Et si le prospect est un salopard, notre recrue peut se cramponner sur sa chaise et observer le carnage. Aucun dommage causé à l'égo de notre nouvel associé.

C'est gagnant-gagnant pour tout le monde.

Notre nouvel équipier ne sera pas angoissé à l'idée de faire sa première présentation. Le recruteur sera occupé à donner des présentations et faire grandir l'équipe.

Et les prospects ? Ils auront droit à des présentations professionnelles, et pourront ainsi prendre une décision plus éclairée quant à leur intérêt envers une ou l'autre de nos options.

Et si nous nouveaux équipiers ont peur de contacter les prospects ?

Certains de nos nouveaux associés se plaindront : « J'ai peur de vendre. Je ne ni vendeur, ni extraverti, ni du type à mettre la pression. Je ne veux pas vendre. »

C'est une information très claire et sincère qu'on doit prendre en compte. Comment peut-on la traiter ? Voici certaines stratégies.

Stratégie #1. Leur expliquer que la peur est une émotion primaire et automatique. On ne peut pas choisir de ne pas avoir peur et ne pas être prudents. C'est une émotion très utile à l'être humain à plusieurs égards parce qu'elle nous permet d'éviter de faire des sottises et, de survivre.

Si on craint de parler aux autres, notre peur nous poussera à développer de meilleures approches, de meilleures phrases d'ouverture, et une présentation plus empathique. Nous allons aussi redoubler de politesse. À bien y penser, ce sont toutes de bonnes choses.

Stratégie #2. Vous vous sentez mal ? Ce sentiment, on se l'inflige à soi-même.

La question à se poser est : « Pourquoi on se sent mal ? »

Ce sentiment s'active lorsqu'on tente de « vendre » quelque chose à quelqu'un qui n'en veut pas ou dont il n'a pas besoin. C'est une perception erronée de la vente. Nous avons probablement visionné trop de vieux films avec des vendeurs de voitures usagées manipulateurs qui tentent d'arnaquer les acheteurs en leur vendant à prix fort des véhicules douteux.

Et si on ajustait plutôt notre vision du processus de vente ?

Voici comment fonctionne la vente.

Étape 1. Écouter nos prospects pour savoir s'ils vivent des problèmes.

Étape 2. Demander à nos prospects s'ils veulent régler leurs problèmes.

Étape 3. Déterminer quand nos prospects aimeraient régler leurs problèmes : maintenant ou un jour...

Étape 4. S'ils veulent régler leurs problèmes maintenant, on leur propose notre option. Ils peuvent alors choisir de la saisir, ou encore de poursuivre leurs chemins.

Stratégie #3. La « perception » et les « attentes » sont plus importantes que ce que nous avons à offrir.

Je m'explique. On pourrait proposer une excellente opportunité d'affaire. Mais si nos prospects perçoivent qu'il est trop difficile ou complexe de s'y lancer ? Ou encore, si nos prospects s'attendent à ce que tous les prospects répondent « oui » et qu'ils subissent ensuite le rejet ?

La perception et les attentes sont beaucoup plus importantes que notre présentation PowerPoint. Et c'est ici qu'on sépare les professionnels des amateurs.

Voici un exemple.

Si on ajuste les attentes de nos nouveaux équipiers en leur révélant que seulement quelques personnes diront « oui, » ils ne seront pas anéantis lorsque quelqu'un refusera leur proposition. Ils s'y attendront.

Comment s'y prendre ?

On peut dire à nos nouveaux membres que presque tout le monde a besoin de notre produit, service et/ou opportunité.

Cependant, aujourd'hui n'est peut-être pas le moment idéal pour eux d'en tirer profit. Pourquoi ?

- Ils sont très occupés au moment où on les appelle.
- On ne sait pas s'ils ont vécu quelque chose de particulier juste avant qu'on les contacte.
- Ils pourraient avoir perdu leurs emplois et ils sont occupés à gérer cette situation.
- Ils se remettent à peine de la récente visite d'un vendeur malhonnête.
- Ils ont eu une dispute avec leur douce moitié et ils n'arrivent pas à penser à autre chose pour le moment.

Il pourrait y avoir bien d'autres explications, mais on saisit le concept.

Notre mandat est de leur offrir l'opportunité de jeter un œil. Nous ne sommes pas responsables des décisions des autres. C'est leurs vies après tout. Et si on leur cache notre option, c'est comme si on prenait la décision pour eux. C'est injuste. C'est pourquoi on doit leur présenter notre offre comme une option.

Stratégie #4. Rappeler à nos nouvelles recrues que c'est quelque chose qu'on fait POUR les gens, et non AUX gens.

Notre intention doit se limiter à offrir aux gens une autre option dans leurs vies. Ensuite, on leur permet de choisir notre option s'ils ont un intérêt et si le moment est propice pour eux dans leurs vies.

Si notre intention est de vendre quelque chose à quelqu'un afin de se qualifier pour une commission ou avancer dans les échelons du plan de rémunération, notre prospect le percevra dans nos micro-expressions faciales, notre langage corporel, le ton de notre voix, et les mots qu'on utilisera. Les prospects sont intelligents. Ils peuvent ressentir nos intentions.

Lorsque nos intentions sont bonnes, non seulement on élimine notre peur, mais on obtient de meilleures réactions de nos prospects.

POURQUOI LES SAUTERELLES NE PEUVENT PAS CONDUIRE.

Voici pourquoi les sauterelles ne peuvent pas conduire.

Prenez une sauterelle et placez-la au volant de votre voiture.

Dites-lui ensuite : « Conduis ! »

Que fera la sauterelle ? Rien.

Voilà qui prouve hors de tout doute que les sauterelles :

- Sont paresseuses.
- N'ont aucune motivation.
- Sont sourdes.
- Ont égaré leurs tableaux de visualisation.
- N'ont pas le « feu sacré. »
- N'avaient pas un « pourquoi » assez fort.
- On échoué leurs cours de croissance personnelle.
- Ont une attitude de perdantes.
- Ne sont pas enseignables.

Voilà une liste de fausses conclusions.

Nous n'avons jamais enseigné aux sauterelles à conduire. Alors comment pourrait-on s'attendre à ce qu'elles sachent le faire ? (OK. Leurs jambes sont trop courtes de toute façon.)

C'est la même chose pour nous et nos nouveaux équipiers. Nous n'avons pas appris le « comment faire » étape par étape pour se motiver, parler aux prospects, ou encore présenter. Ils n'enseignaient pas ces matières à mon lycée. Et au vôtre ?

On dit à nos équipiers : « Motive-toi ! Passe à l'action maintenant ! »

Comment ça se passe ?

Habituellement pas très bien.

Alors on crie haut et fort :

- « Affronte ta peur et ta peur se dissipera. » (Je n'ai rien vu de tel.)
- Chaque « non » nous rapproche d'un « oui. » (Dans la réalité ? Ça nous rapproche d'un autre « non, » alors on cesse d'essayer.)
- « La victoire appartient à ceux qui passent à l'action ! » (Ça sonne bien, mais ça demeure difficile de se lancer.)
- « Tu n'as qu'à parler à plus de gens ! » (Et nos recrues vont continuer à répéter les mêmes mots qui ne fonctionnent pas.)

Alors lorsque notre équipe n'avance pas, comme avec notre sauterelle, on saute aux mauvaises conclusions. On en déduit qu'ils sont paresseux et démotivés.

Mais si on s'arrête quelques instants pour réfléchir…. Nos nouveaux équipiers ont sacrifié une soirée devant le téléviseur pour assister à notre présentation. Et ils ont sorti leurs portefeuilles pour investir leur argent durement gagné. Ça vous semble paresseux et démotivé ça ?

Bien sûr que non.

Ils sont prêts à travailler. Ils souhaitent réussir. Mais ils ne savent tout simplement pas quoi faire et comment le faire.

Ils parlent aux gens, disent les mauvaises choses, et subissent le rejet. Il ne leur faudra pas beaucoup de tentatives pour constater leur insuccès et, rapidement, ils abandonneront.

Prêts pour une solution ?

LE TEST QUE LES RÉSEAUTEURS ONT PEUR DE FAIRE.

Un chien prend en chasse une voiture. Le chien ne se demande jamais : « Que vais-je faire si j'attrape la voiture ? »

La bonne nouvelle est que nos nouveaux équipiers sont impatients de parler aux prospects. « L'opportunité est fantastique ! Je veux la partager avec tout le monde, tout de suite. »

On adore ça quand les pensées positives et l'enthousiasme incitent les gens à faire les activités qui procurent du succès. Mais en tant que parrains futés, on peut faire plus.

Mais voici la mauvaise nouvelle. Lorsque notre nouvel équipier sans formation arrive à capter l'attention des prospects, il ne sait pas quoi dire !

Lorsqu'on joint les rangs, on a une bonne vue d'ensemble et on saisit le potentiel de notre entreprise. On comprend aussi ce que ce business peut signifier pour nous. Ce sont des moments excitants ! On prend pour acquis que tout le monde partagera notre vision. Malheureusement, ça n'est pas le cas.

Plusieurs prospects possèdent des expériences de vie et des programmes qui les empêchent d'avancer. Ils sont sceptiques. Ils cherchent des raisons pour ne pas changer. Et ils croient que rien de bon ne peut leur arriver. Ce sont nos futurs prospects négatifs.

Notre nouvel associé rencontrera ces personnes très bientôt. On peut les préparer grâce à quelques phrases et compétences avant de les lancer sur le terrain. Pourquoi ne pas leur offrir les meilleures chances de succès lorsqu'ils parleront à leurs premiers prospects ?

Une façon simple de leur expliquer est de supposer que la prospection requiert deux compétences de base.

> Compétence #1 : Localiser les prospects à qui parler. Si on n'a personne à qui parler, rien n'arrivera.

> Compétence #2 : Utiliser les bons mots avec nos prospects. Si nos prospects ne nous croient pas, ils ne joindront jamais notre équipe.

Lorsque j'ai démarré en marketing relationnel, j'ai parlé à des centaines de prospects. Aucuns résultats. Tous ces prospects n'étaient pas idiots. Ils étaient ouverts aux opportunités. Malheureusement, ils n'aimaient pas ma façon de décrire mon opportunité. Même s'ils recherchaient désespérément une opportunité, lorsque j'ouvrais la bouche, ils préféraient continuer à chercher.

Comme on l'a déjà mentionné, nos nouveaux équipiers ont une liste toute fraîche de prospects à qui parler. On devrait leur enseigner les mots à utiliser. Si nos nouvelles recrues rechignent à apprendre les mots à dire, on peut leur faire passer ce petit test. Ça devrait les convaincre qu'ils ont besoin d'un minimum de formation avant d'approcher leurs prospects.

Même si on souhaite les accompagner à leurs premiers rendez-vous, on pourrait ne pas être disponibles chaque fois.

Prêts ? Voici le petit test de cinq questions.

Question #1 : Quel est ton meilleur brise-glace ? Écris-le maintenant mot pour mot.

Question #2 : Quel est ton meilleur « mot-idée » pour parler de ton produit ou service ? Écris-le maintenant mot pour mot.

Question #3 : Quelle est ta meilleure formule de une ou deux phrases pour conclure ? Écris-la maintenant mot pour mot.

Question #4 : Quelle est ta meilleure phrase pour établir confiance et crédibilité afin de connecter avec tes prospects ? Écris-la maintenant mot pour mot.

Question #5 : Quelle est ta meilleure réponse à la question : « Que fais-tu pour gagner ta vie ? » Écris-la maintenant mot pour mot.

Avant de poursuivre cette lecture, faisons le test nous-mêmes maintenant.

Avez-vous pris le temps de rédiger vos réponses à ces cinq questions ? Laquelle des situations suivantes s'applique à vous ?

- Je n'avais aucune réponse. C'est peut-être la raison pour laquelle le marketing relationnel est pénible pour moi.
- Je n'ai pas de réponses. J'envoie mes nouveaux équipiers parler aux prospects, sans aucune formation. Ça ne se terminera pas bien.

- J'étais trop paresseux pour écrire les réponses. Aucun commentaire.
- J'ai prétendu connaître les réponses. Espérer et me croiser les doigts est ma stratégie pour le moment.
- J'avais des phrases précises, mot pour mot, pour répondre aux cinq questions. Je peux donc aider les nouveaux membres de mon équipe.

En dépit de notre résultat au test, il faut comprendre qu'on doit prendre les choses en mains si on veut aider nos nouveaux équipiers à connaître le succès. Revenons donc à eux.

Bien entendu, nos nouveaux n'ont pas de réponses à ces questions.

Nous allons donc prendre une feuille de papier blanche ou autre bout de papier digne de ce nom.

Puisque nos équipiers ont maintenant l'esprit ouvert, ils porteront attention aux réponses que nous allons suggérer. Lorsqu'ils connaîtront et auront intégré ces réponses, leur niveau de confiance grimpera en flèche.

Les prospects réagissent positivement aux présentateurs confiants. Ce sera donc plus facile pour nos recrues de référer de nouveaux membres.

Vous aimeriez quelques exemples de réponses aux questions? En voici quelques unes pour démarrer, mais on devrait déjà avoir nos propres réponses favorites.

LE TEST QUE LES RÉSEAUTEURS ONT PEUR DE FAIRE.

Question #1 : Quel est ton meilleur brise-glace ?

- « Je viens de découvrir comment on peut travailler de la maison plutôt que de se farcir le trafic chaque jour pour le boulot. »
- « Je suis curieux. Aimerais-tu perdre du poids simplement en changeant ce que tu manges au petit déjeuner ? »
- « Est-ce que tu aimes prendre bien soin de ta peau ? »
- « Qu'est-ce que tu ferais avec l'argent d'un second chèque de paie tous les mois ? »
- « Est-ce que tu détestes le coût exorbitant des vacances ? »
- « Est-ce que ça te convient de devoir travailler 45 ans comme nos parents ? »

Question #2 : Quel est ton meilleur « mot-idée » pour ton produit ou service ?

- « Ce produit transforme nos corps en machines à brûler les gras. »
- « Faire de l'argent chaque fois que nos amis décrochent le téléphone. »
- « Deux chèques par mois valent mieux qu'un seul. »
- « Notre visage est notre premier ingrédient pour créer une bonne première impression. »
- « La beauté des rides est surévaluée. »
- « Se sentir à nouveau comme à 16 ans, mais avec plus de jugement. »
- « Prendre des vacances cinq étoiles pour le prix d'un Holiday Inn. »

Question #3 : Quelle est votre meilleure formule de une ou deux phrases pour conclure ?

- « Ou bien ça fonctionne pour toi, ou bien non. Que souhaites-tu faire ? »
- « Qu'est-ce qui sera le plus simple pour toi ? Continuer à vivre d'un chèque à l'autre, ou commencer à générer un deuxième chèque dès ce soir ? »
- « Est-ce que ça te semble sensé de commencer maintenant plutôt que de continuer à survivre avec un seul chèque ? »
- « Est-ce que ça t'irait de démarrer maintenant pour qu'on puisse travailler ensemble ? »
- « C'est le moment pour toi de choisir : démarrer ton entreprise maintenant, ou remettre à plus tard. »

Question #4 : Quelle est ta meilleure phrase pour établir confiance et crédibilité afin de connecter avec tes prospects ?

- « La plupart des gens sentent que leurs emplois occupent une trop grande partie de leurs semaines. »
- « Eh bien, tu sais à quel point on manque de temps pour faire de l'exercice et perdre du poids ? »
- « Est-ce que tu détestes ce travail autant que moi ? »
- « En fait, tu sais combien les vacances et les congés peuvent faire mal au portefeuille ? »
- « As-tu remarqué à quel point le prix des choses a augmenté ? »

- « Avez-vous remarqué à quel vitesse les rides se multiplient en vieillissant ? »
- Est-ce que tu détestes être coincé de trafic autant que moi ? »

Question #5 : Quelle est ta meilleure réponse à la question, « Que fais-tu pour gagner ta vie ? »

- « Je montre aux gens comment donner une apparence plus jeune à leur peau pendant leur sommeil. »
- « J'aide les gens à travailler de la maison pour qu'ils n'aient plus à faire la navette pour le travail. »
- « J'aide les mamans à rester à la maison avec leurs enfants pour qu'elles n'aient plus à les entreposer à la garderie pour occuper un emploi à temps plein. »
- « Je montre aux gens à perdre du poids et ne plus jamais le reprendre. »
- « J'aide les gens à démarrer leur propre entreprise pour qu'ils puissent éventuellement congédier leurs patrons. »

Lorsque nos nouveaux équipiers démarrent, ils se dirigent naturellement vers leurs meilleurs prospects. On doit donc les armer de quelques bonnes phrases. Ils devraient déjà jouir d'une bonne connexion avec ces nouveaux prospects. C'est une occasion en or pour eux de connaître un démarrage rapide.

Pourquoi ce test des cinq questions est-il si important ?

Parce que ce sont les connaissances que nous aurons acquises avant d'entrer en contact avec nos prospects qui feront toute la différence.

Prenons par exemples les athlètes professionnels. Que font-ils durant des années et des années avant de pratiquer leurs disciplines au niveau professionnel ? Ils acquièrent les connaissances et pratiquent encore et encore pour acquérir les compétences. Ils ne se présentent pas sur le terrain un jour en disant : « Laissez-moi tenter ma chance. Voyons ce que je peux accomplir. »

Chaque joueur de tennis professionnel, chaque joueur de football, chaque boxeur a d'abord appris quoi faire et longuement pratiqué avant d'entrer dans la compétition.

Leur entraîneur ne leur a pas dit : « Fonce et subit une centaine de défaites. Chaque défaite te rapproche d'une victoire. »

Alors on ne devrait pas dire à nos nouveaux : « Fonce et parle aux gens coûte que coûte. Même si on te dit ‹ non › cent fois et que tu te sens rejeté, rappelle-toi que chaque ‹ non › te rapproche d'un ‹ oui. › »

D'ailleurs, ce qui serait totalement faux. Pourquoi ?

Parce que si on utilise les mauvaises approches ou les mauvais mots qui génèrent à tout coup des « non, » alors, en vérité, chaque « non » nous rapproche d'un autre « non. » Ça n'est pas la bonne méthode pour changer nos résultats.

Pouvoir répondre à ces cinq questions devrait constituer la formation de base pour nos nouveaux équipiers.

RÉSISTANCE.

Il suffit d'une excuse pour mettre notre nouvel équipier sur pause.

Une seule.

À leurs débuts, nos nouveaux membres ont plusieurs préoccupations et réticences. Les choses qui les turlupinent le plus pourraient bien les empêcher d'avancer. En tant que parrains futés, on souhaite avoir en poches des réponses satisfaisantes pour les rassurer. Cette histoire tirée de notre livre « Mini-Scripts pour les Quatre Couleurs de Personnalités » illustre bien de quelle façon le doute peut nous freiner.

◇◇◇

On souhaite acheter une maison plus grande. Notre agent nous fait visiter la maison idéale dans un secteur magnifique. A-t-elle suffisamment de chambres ? Oui. Assez de salles de bain ? Oui. Est-ce que les écoles du voisinage sont extra ? Oui. Les voisins ? Les gens les plus sympathiques qu'on puisse imaginer.

Tout est absolument parfait, à l'exception d'une chose. Lorsqu'on regarde par la fenêtre arrière de la maison, on peut voir un gros barrage. Et sur un des coins du barrage, on remarque quelques petites fissures. On demande alors à l'agent :

« Est-ce que ce barrage retient beaucoup d'eau ? » Il répond :
« Oui, ce barrage retient toute l'eau pour alimenter la ville. »

On poursuit la discussion en demandant : « Est-ce que
vous voyez ces petites fissures dans le coin du barrage ? » Il
répond : « Oui. Elles y sont depuis longtemps. Inutile de vous
en préoccuper. »

Plus tard, on retourne chez nous et on pour faire le bilan
de cette maison que nous venons de visiter. À quoi pense-t-on
le plus ?

Oui, aux fissures du barrage. On craint de commettre une
grave erreur en achetant cette maison. Tout le reste est idéal.
Mais même si l'agent a tenté de nous rassurer au sujet du barrage, le doute s'est installé et il prend toute la place.

La suite de l'histoire ? On reprend lentement nos recherches
pour une autre maison. On abandonne l'idée d'occuper cette
maison de rêve dans le quartier parfait pour choisir une maison
qui nous plait un peu moins, mais qui nous permettra d'être
plus confiants face à notre décision.

◇◇◇

On peut présenter à nos nouveaux l'opportunité d'affaire
la plus fantastique sur cette planète… mais si un simple détail,
même minuscule, leur déplait, il pourrait monopoliser leur
attention et les empêcher d'avancer.

Alors quel serait le bon moment pour discuter de ces
problèmes qui peuvent paralyser ?

Avant qu'ils se présentent, bien entendu.

Si on attend que se manifestent les problèmes susceptibles de les paralyser, la situation sera plus difficile à résoudre. Dans un cas ou dans l'autre, on doit pouvoir expliquer pourquoi ces problèmes ne sont pas des destructeurs de carrières.

Les êtres humains ont peur de commettre des erreurs. Cette peur provient d'un de nos programmes de survie. Cette peur est bien réelle, mais elle n'implique pas qu'il devient impossible de continuer à avancer. Si nos réponses pour désamorcer leurs peurs sont satisfaisantes, ce sera une étape importante pour aider nos nouveaux équipiers à franchir cet obstacle.

Si nos réponses face à leurs peurs ne sont pas satisfaisantes, nos nouveaux équipiers choisiront par défaut la stratégie suivante : se garer sur l'accotement, et espérer qu'un miracle se produira pour relancer leurs entreprises.

Aïe.

Regardons ensembles quelques uns des problèmes et peurs auxquels nos nouveaux associés devront faire face.

« ILS NE VEULENT PAS DE MON AIDE ! »

On ne peut pas jouer les mentors si nos nouveaux équipiers ne sont pas enseignables.

Plusieurs ont déjà leurs propres idées quant au fonctionnement du marketing relationnel. Ils vont donc ignorer nos conseils et tenter de le faire à leur façon.

Pourquoi ? Peut-être sont-ils dotés d'une aptitude particulière difficile à dupliquer, et ils souhaitent l'utiliser dans leurs entreprises. Peut-être ont-ils accès à une banque de prospects particulière.

Ou encore, ce sont peut-être des leaders naturels de type fonceurs, et ils ne souhaitent pas écouter nos recommandations. Ils savent déjà tout faire, mieux que quiconque.

Plutôt que de les décourager, apprécions le fait qu'ils soient autonomes. C'est une bonne chose. On aime les autodidactes.

Voici une façon de leur proposer des conseils avec tact. Dites simplement :

« Environ 15 millions d'autres réseauteurs ont entamé l'aventure que vous êtes sur le point d'entreprendre. Aimeriez-vous connaître certains des secrets intéressants qu'ils ont découverts ? »

La plupart répondront « Oui. »

Il est beaucoup plus facile de partager des conseils lorsque les oreilles sont ouvertes. En leur proposant notre aide de cette façon, on respecte leurs opinions et le fait qu'ils croient connaître la meilleure façon de faire. De plus, on n'attaque pas leur égo en leur disant « écoute-moi. » On leur transmet tout simplement quelques secrets qu'ils souhaitent maintenant connaître.

Et quelles connaissances pourrions-nous leur transmettre en premier ?

Pourquoi pas le test des cinq questions que nous venons d'examiner ?

Et... nos nouveaux équipiers rencontreront-ils le même phénomène ?

Lorsqu'ils parraineront leurs premiers membres, voudront-ils à leur tour écouter leurs conseils ?

En général, oui... mais parfois, non. Mais puisque nous les avons préparés à ce problème. Ils sauront quoi dire :

« Environ 15 millions d'autres distributeurs ont entamé l'aventure que vous êtes sur le point d'entreprendre. Aimeriez-vous connaître certains des secrets intéressants qu'ils ont découverts ? »

Ce désir, « le faire à ma façon, » habite-t-il tout le monde ?

Non. La plupart des membres de l'équipe souhaiteront profiter de l'aide et des conseils de leurs parrains. Ils sont impatients de communiquer avec nous sur une base régulière.

Avons-nous mis en place un système pour rester en contact avec notre équipe ? Si ça n'est pas le cas, Holly Martin, professionnelle du marketing relationnel, propose l'excellente règle de sept jours. La voici : « Parlez à chaque membre personnel de votre équipe au moins une fois tous les sept jours. Et encore plus fréquemment au début de leur carrière. »

Nous sommes des parrains. Cela signifie que nos nouveaux équipiers ne devraient pas avoir à chercher toutes les réponses.

AIDER NOS NOUVEAUX ÉQUIPIERS À GÉRER LE REJET.

« Non. »

« Non. »

« Non. »

« Non. »

Quatre rejets en ligne ! Je n'arrivais pas à y croire.

Il était tard, c'était un samedi soir pluvieux. Art Jonak, sa fille Julie et moi-même quittions un marché de nuit en Thaïlande.

Je me suis précipité à l'extérieur sous la pluie pour vérifier si le premier chauffeur de taxi en ligne pouvait nous amener à l'endroit où nous souhaitions aller. « Non. » C'était une réponse courte et instantanée. Le second chauffeur de taxi a au moins fait une petite pause avant de me répondre « Non. »

Je commençais à être détrempé. Art et Julie se tenaient bien au sec sous le toit d'un des marchands.

Le chauffeur de taxi #3 et #4 ne voulaient pas nous mener à destination non plus.

Il fallait que je prenne une décision.

1. Est-ce que je devrais tenter de convaincre l'un des quatre premiers chauffeurs de taxi de changer d'idée, faire fi de leurs objections et céduler une rencontre de suivi ? Ou,

2. Devrais-je tout simplement passer au chauffeur #5 ?

L'eau de pluie avait déjà imbibé l'arrière de mes pantalons, alors j'ai opté pour l'option 2. J'ai demandé au chauffeur de taxi #5 s'il accepterait de nous conduire à notre destination.

Il s'est avéré que le chauffeur de taxi #5 était plus qu'heureux de nous prendre tous les trois et nous amener jusqu'à notre destination. Il ne s'est même pas offusqué du cerne humide que j'ai laissé sur le dossier du siège.

Lorsque nous sommes pressés, le rejet ne semble pas nous déranger outre mesure. On poursuit notre tâche pour la mener à bien. Nous n'avions pas le choix ; nous avions besoin d'un taxi.

Alors si on déteste le rejet, une façon de réduire son emprise sur nous est le sentiment d'urgence. Dans cet état d'esprit, on n'a plus le temps de se replier sur soi-même.

Essayons ce mode de pensée la prochaine fois qu'on se sent rejetés. Posons-nous ces questions :

1. « Est-ce que je devrais investir les prochaines minutes, heures ou encore semaines à tenter de convaincre mon prospect de changer d'idée ? » Ou,

2. « Ne serait-il pas plus facile de prendre moins de 10 secondes et demander à quelqu'un d'autre s'il est intéressé ? »

Le choix #2 semble plutôt attrayant maintenant.

On ne possède pas, pour la plupart, les qualifications d'un psychothérapeute professionnel. Certains prospects pourraient même prendre des années à convaincre. Si on veut, on pourra se lancer dans ce type de thérapie une fois que nous aurons développé notre entreprise de marketing relationnel. Lorsque nous serons riches et retraités, on pourra se porter volontaires pour tenter de sauver les cas lourds.

Mais pendant qu'on développe notre entreprise ? Il apparaît plus sensé et productif de prendre dix secondes pour tâter l'intérêt de quelqu'un d'autre.

Nous sommes impatients d'atteindre nos premiers objectifs. Revenu d'appoint ou temps plein, liberté financière ou nouvelle carrière, on souhaite s'éloigner le plus rapidement possible nos frustrations et problèmes du quotidien. Comme dans ma course au taxi sous la pluie en Thaïlande, j'étais impatient d'atteindre mon objectif : me réfugier le plus rapidement possible sur la banquette sèche d'un taxi qui nous mènerait à destination.

Quand on présente la prospection sous cet angle à nos nouveaux associés, ils ne subissent pas le rejet de la même façon. Ils le perçoivent simplement comme un signal pour passer à quelqu'un d'autre. Ils seront désormais plus productifs en s'attardant aux prospects ayant un potentiel immédiat plutôt que de tourner en rond avec la même poignée de prospects pendant des mois et des années.

Qu'est-ce qui pourrait empêcher les membres de notre équipe à adopter ce point de vue ?

Ils pourraient s'imaginer : « Mais je n'ai pas plus personne à qui parler. Laisse-moi m'occuper de ces gens qui m'ont dit ‹ non. › De cette façon, je n'ai pas besoin de rencontrer de nouvelles personnes. »

Voilà une autre excellente bonne raison de fournir à nos nouveaux une première phrase efficace et sans risque de rejet. Ils ont besoin d'un outil pour créer un flux constant de nouveaux prospects. Une fois qu'ils auront le sentiment d'avoir un nombre illimité de futurs prospects à qui parler, ils ne s'accrocheront plus à leurs non-prospects actuels.

JE NE VEUX PAS DÉRANGER MA FAMILLE ET MES AMIS.

Imaginons que notre compagnie vient de lancer une cure révolutionnaire pour prévenir le cancer. Comment se sentirait-on ? Hourra !

Il appartiendra à notre famille et nos amis de décider s'ils veulent faire la cure ou non. On voudrait tout simplement s'assurer qu'ils savent qu'une telle cure est maintenant disponible.

Et s'ils ne croient pas à la cure ? Pas de problème. Encore une fois, on désire simplement leur laisser savoir. Il serait immoral pour nous de décider de garder le secret sur cette cure contre le cancer. On préfère se dire : « Au moins, j'ai partagé l'information. C'était leur décision de la suivre ou pas. »

On devrait avoir le même sentiment lorsqu'on partage le produit, le service et/ou l'opportunité de notre entreprise de marketing relationnel. On désire simplement en faire connaître l'existence à notre famille et nos amis. S'ils choisissent d'acheter ou de participer à l'entreprise, c'est leur décision. S'ils choisissent de ne pas acheter ou prendre part à l'entreprise, c'est leur choix aussi. Les laisser faire leurs propres choix implique moins de rejet. Sans compter qu'on ne se sentira jamais coupables de leur avoir caché les bénéfices de notre offre.

Si on arrive à imprégner ce désir de partage et ce détachement envers les résultats dans l'esprit des nouveaux membres, ils ne seront plus effrayés de parler aux autres. Ils peuvent au contraire proposer leurs options sans stress. On s'inflige à soi-même la plus grande partie du stress en créant des scénarios imaginaires dans nos esprits.

Quelles phrases pouvons-nous enseigner à nos nouveaux équipiers pour les aider à se sentir à l'aise de présenter leur entreprise ? En voici quelques unes.

« Ça pourrait être ou ne pas être ta tasse de thé, mais je voulais au moins que tu saches ce que je fais. J'ai démarré une nouvelle entreprise à temps partiel, et je désire savoir si tu aimerais en connaître les détails. »

Ça n'était pas si effrayant. Nous avons précisé que ça pourrait être, ou ne pas être pour eux. Ils ont donc une excuse déjà en poche pour ne pas prêter l'oreille aux détails de notre entreprise. Ça devrait les aider à se détendre. Nous leur avons ensuite demandé s'ils aimeraient connaître les détails, ou pas. C'est plutôt poli.

Très peu de parents et amis répondront à cette approche avec un ton impoli. Et si c'était le cas, on doit être conscient que cette personne pourrait être un élément négatif qui contaminerait tout le reste du groupe. C'est donc préférable d'en rester là avec eux.

« J'en ai eu assez de tenter de joindre les deux bouts avec mon salaire qui plafonne. Alors j'ai démarré mon entreprise à temps partiel pour me permettre de sortir la tête de l'eau. Tu aimerais savoir ce que je fais ? »

On a dévoilé le motif qui nous a poussés à démarrer notre entreprise à temps partiel. On leur a ensuite offert l'option d'avoir plus de détails s'ils sont intéressés. Il sera donc facile pour eux de répondre « oui » ou « non » à notre question. Aucune pression exercée sur eux, on devrait bien s'en tirer. Ils n'ont même pas le loisir de porter un jugement sur notre entreprise ou de trouver des raisons pour lesquelles ça ne fonctionnera pas. Tout ce qu'on leur demande, c'est un « oui » ou un « non » lorsqu'on leur propose de connaître les détails.

« J'ai finalement trouvé des produits de soins de peau qui fonctionnent pour l'acné de ma fille. Est-ce que tu connais quelqu'un dont les enfants ont des problèmes d'acné ? »

On n'inflige aucune pression à notre interlocuteur. On ne leur a pas demandé d'acheter, ou même de leur présenter notre produit. Alors quelle sera la perception de la personne devant nous ? Probablement : « Tu essaies d'aider des gens. Fantastique. Je vais voir si je connais quelqu'un que tu pourrais aider. »

« J'ai réduit ma facture d'électricité de 20 $ par mois. Et j'ai aidé ma mère à réduire la sienne de 15 $ par mois. Aimerais-tu réduire ta facture d'électricité toi aussi ? »

Dans cette approche, nous avons présenté d'emblée le bénéfice. La plupart des gens souhaitant réduire leurs factures, certaines personnes craignent que le changement implique un avenir incertain. On veut donc réduire le niveau de stress relié à ce changement en disant, par exemple : « Il n'a fallu que 10 minutes pour réduire les factures de ma mère. »

« Tu détestes faire la diète encore plus que moi. Aimerais-tu savoir ce que j'ai mangé chaque matin pour déjeuner pour rester aussi mince ? »

Si ça semble une offre intéressante pour nos prospects en surplus de poids. Ils demanderont : « Qu'est-ce que tu manges au déjeuner ? » Et s'ils ne nous demandent pas ce qu'on mange pour déjeuner, aucun problème. On peut continuer à déjeuner à notre façon et perdre du poids, et ils peuvent continuer à prendre du poids.

« Mon oncle, prendras-tu ta retraite bientôt ? Je connais au moins une façon d'augmenter ton fond de pension. Contacte-moi si tu souhaites connaître mon option. »

Cette approche est plutôt sécuritaire. En fait, elle semble bien plus attrayante que : « Quand pourrais-je te faire ma présentation d'affaire complète de 45 minutes ? » Si notre oncle n'est pas intéressé pour le moment, devinez quoi ? Si le besoin d'augmenter son fond de pension se manifeste un jour, notre oncle se souviendra de nous. Et il se souviendra de nous positivement car nous n'avons pas poussé la vente. Nous avons proposé notre option avec respect, ce qui nous permet de démarrer du bon pied s'il désire nous rencontrer éventuellement.

« J'ai démarré mon entreprise à temps partiel avec une agence de voyage à rabais. Toi et moi pouvons maintenant prendre nos vacances au prix du grossiste plutôt que de payer le plein prix. Qu'est-ce que tu penses de ça ? »

Notre beau-frère pourrait penser : « Eh Bien, payer moins cher pour nos vacances en famille me semble très attrayant. Et si tu as choisi de t'impliquer, c'est probablement une excellente façon d'épargner. Tu seras donc mon super contact pour obtenir les meilleurs rabais. » Il est donc probable que notre beau-frère nous réponde : « Donne-moi plus d'information. » On pourra alors prendre le relais.

« Je commençais à me sentir à l'étroit dans mes chandails XXL. Je devais perdre du poids rapidement. Connais-tu quelqu'un qui doit perdre dix livres rapidement ? »

Un brin d'humour ne fait jamais de mal. Ça fait sourire les prospects et c'est un excellent départ. Et on pourrait obtenir une bonne référence. Il faut par contre utiliser notre gros bon sens et ne pas poser cette question à un proche parent en surplus de poids.

Non seulement ces phrases rendent nos approches avec parents et amis sécuritaires, mais on peut aussi les utiliser avec les étrangers.

Il n'y a désormais aucune excuse valable pour ne pas contacter de nouvelles personnes.

LA MOTIVATION LIÉE À LA RÉPUTATION.

Les êtres humains se soucient de ce que les autres pensent d'eux. Cela fait partie de notre ADN, imprégné par des milliers d'années de programmation tribale. La possibilité d'être rejeté de la tribu impliquait que l'on devrait survivre seuls. Ce qui signifiait habituellement la mort.

Je sais qu'on entend souvent : « Ne te soucie pas de ce que pensent les autres. » Mais c'est plus fort que nous ! C'est une préoccupation naturelle.

Notre réputation nous importe. Et une des premières choses dont se soucient nos nouveaux équipiers est justement la perception des autres…

- « Est-ce que les autres croiront que je me suis laissé entraîner dans une entreprise pyramide ? »
- « Est-ce que les autres se diront que je suis devenu un vendeur qui ne pense qu'à faire de l'argent à leurs dépens ? »
- « Est-ce qu'on se moquera de moi à mon insu en espérant secrètement que j'échoue ? »
- « Est-ce que les autres croiront que je ne suis pas totalement engagé dans mon entreprise et que je sauterai rapidement sur la prochaine opportunité qui semble plus attrayante ? »

- « Est-ce que les autres penseront que mon échec est inévitable ? »

Ces pensées peuvent paralyser nos nouveaux associés.

Notre stratégie ?

Détourner l'attention de nos nouveaux équipiers grâce à un engagement public. On les invite à aviser leurs parents et amis que, non seulement ils démarrent une nouvelle entreprise, mais qu'ils sont engagés à faire tout ce qu'il faut pour réussir.

Il devient beaucoup plus difficile d'abandonner son engagement lorsqu'on l'a annoncé publiquement. Pensons à un régime amaigrissant. Si personne ne sait qu'on fait la diète, c'est facile de laisser tomber. Si tout le monde sait que nous sommes au régime, et surtout si nous leur avons annoncé que nous allions faire tout ce qu'il faut pour atteindre notre objectif, ça devient beaucoup plus difficile de se désister.

Plus nos nouveaux membres s'affaireront à la tâche, meilleures seront leurs chances de connaître le succès dans leurs entreprises. Pourquoi ? Parce qu'avec le temps, on ac-quiert expérience et compétentes, et par conséquent, de meilleurs résultats.

À quoi pourrait ressembler cet engagement public de la part de nos nouveaux équipiers ? Eh bien, imaginons que c'est aujourd'hui qu'on démarre notre entreprise. Que pourrait-on dire à nos parents et amis ?

- « J'ai pensé que je pourrais essayer ça. »
- « La meilleure façon de savoir si ça fonctionne ou pas, c'est de l'essayer. »

- « Je vais essayer pour deux semaines. Si je ne vois aucun progrès, je laisser tomber tout simplement. »
- « Oh, ça n'est qu'un test. »

Ce type de déclaration n'incitera certainement pas vos parents et amis à se joindre à votre équipe. Personne n'est intéressé à suivre quelqu'un qui ne semble pas engagé. Ils ne veulent pas mourir avec nous sur le sentier.

Alors, si don disait plutôt ceci :

- « C'est la bonne entreprise pour moi. »
- « J'ai pensé à mon avenir, et c'est ce que je désire faire. »
- « Je vais gravir les échelons jusqu'au sommet dans cette entreprise. Ce serait fantastique si tu m'accompagnais dans cette aventure. »
- « Ça prendra sans doute un certain temps pour apprendre les rudiments de cette entreprise, mais j'y suis engagé. »
- « J'avais besoin d'une nouvelle carrière et de nouveaux défis. J'ai exploré mes options, et c'est ce que j'ai choisi. »

Nos parents et amis auront toute une panoplie de sentiments et perceptions face à notre engagement. Mais lorsqu'ils perçoivent notre sincérité et notre engagement, il devient plus facile pour eux de s'engager à leur tour et se joindre à nous.

Mais la véritable valeur de cet engagement réside dans ce qu'il engendre chez nous, et nos nouveaux collaborateurs. On a déclaré publiquement ce que nous allons faire. Par cet engagement public, les gens évalueront ensuite notre réputation en bonne partie selon notre capacité à respecter cet engagement.

On sera donc moins tentés de laisser tomber les gants. Tout le monde tient à préserver une bonne réputation.

Où et quand peut-on faire cette annonce ? Voici quelques idées.

Dans la « stratégie de notification, » une façon de promouvoir notre nouvelle entreprise est de faire parvenir une carte postale, un courriel ou un message texte à tous nos parents et amis. C'est un peu comme ouvrir un magasin de chaussures. On veut laisser savoir rapidement à tous nos proches que nous démarrons une entreprise. Notre objectif n'est pas de supplier nos parents et amis pour qu'ils viennent acheter leurs chaussures dans notre magasin. Mais s'ils en ont besoin éventuellement, on aimerait bien qu'ils pensent à nous. On peut utiliser le même type d'approche pour les aviser que nous faisons nouvellement partie d'une entreprise de marketing relationnel.

Média sociaux ? Voilà une façon peu coûteuse de dévoiler à nos connaissances notre engagement envers notre nouvelle entreprise sans dépenser un seul sous pour des timbres.

Événements familiaux ou entre amis ? Tout le monde nous demande : « Quoi de neuf ? » On peut alors partager notre engagement dans notre nouvelle entreprise.

Le simple fait de commander des cartes d'affaires nous aide à sceller notre engagement.

En tant que leaders, posons-nous cette question : « Est-ce que mes nouveaux équipiers seront davantage impliqués après en avoir fait l'annonce publique ? » Vous l'aurez deviné : la réponse est : « Oui. »

Quand nos nouveaux équipiers ont lié leurs réputations à leur nouvelle entreprise, ils prennent les choses plus au sérieux. Ils sont moins portés à abandonner. Et on sait qu'elle occupera un espace dans leurs esprits plusieurs fois par jour.

COMMENT AMENER NOS ÉQUIPIERS À PARTICIPER AUX ÉVÉNEMENTS ET AUX FORMATIONS.

Certains de nos nouveaux membres réduisent le potentiel de développement de leurs entreprises dès le départ. Pourquoi ?

Parce qu'ils ne savent pas ce qu'ils ne savent pas.

Tout le monde sait que chaque jour on grandit, ou on rétrécit. Notre développement personnel ne fait jamais de pause.

Cela dit, plusieurs de nos nouveaux équipiers évitent les conseils et formations de leurs parrains, refusent de lire des livres, n'assistent pas aux événements et freinent habituellement leur apprentissage et leur croissance par le fait même. C'est très dommage, pour ne pas dire honteux.

Alors voici une question amusante que nous pouvons poser à nos nouveaux équipiers pour les amener à assister aux événements et aux formations.

« Aimerais-tu assister à notre prochaine formation, ou ça te va de laisser ton entreprise plafonner au niveau actuel ? »

Cette question rappelle tout de suite la pertinence d'assister aux événements et aux formations.

On peut aussi utiliser cette question pour les événements importants à venir. À ces événements, plusieurs choses se produisent.

- Validation sociale. On y voit plusieurs autres personnes qui ont pris la même décision que nous de joindre l'entreprise.
- On s'identifie à quelqu'un qui connaît du succès. Ça peut être un chauffeur de camion tout comme nous. On peut maintenant croire que le succès est vraiment à notre portée nous aussi.
- Une idée nouvelle captée durant l'événement pourrait changer notre carrière à jamais. On doit constamment se nourrir de nouvelles idées car elles se présentent très rarement durant notre sommeil.

Alors la prochaine fois qu'un nouvel équipier résiste à votre invitation pour un événement ou une formation, demandez-lui : « Aimerais-tu assister à notre prochain événement, ou ça te va de laisser ton entreprise plafonner au niveau actuel ? »

Cette question offre deux options ; le choix entre :

1. Maintenir son entreprise au même niveau. Ne pas progresser ni gagner plus d'argent.

2. Assister à l'événement ou à la formation.

Les humains adorent les choix simples et faciles.

Un dernier exemple.

Si notre nouvel équipier ne voit pas l'utilité d'assister à la formation du samedi, on pourrait lui dire ceci :

« Est-ce que comme moi ça t'est déjà arrivé de quitter une conversation en te disant : ‹ Oh mon Dieu. J'aurais bien aimé dire ou répondre cela. › Ça arrive presqu'à tout coup n'est-ce pas ? On pense à la réponse parfaite une fois que la conversation est terminée.

« La même chose se produit continuellement en marketing relationnel. On rencontre un super prospect, la conversation se déroule bien, mais on n'arrive pas à décrocher le rendez-vous. On s'éloigne et on se dit : ‹ Je me demande qu'est-ce que j'aurais pu faire ou dire pour obtenir un rendez-vous ? ›

« J'ai une question pour toi. Quel est le meilleur moment pour apprendre ce qu'il faut dire exactement aux prospects ? Avant ou après les avoir rencontrés ? »

La réponse est plutôt évidente. Notre nouvel équipier répondra : « Avant de les rencontrer. »

On peut alors mettre le pied dans la porte et dire : « C'est la raison pour laquelle on organise cette formation samedi. Je vais t'envoyer le lien pour que tu puisses t'y inscrire maintenant. »

MAIS UN INCONNU M'A DIT :
« PERSONNE NE FAIT D'ARGENT ! »

Ouille ! Parfois on doit jouer au psychologue. Nos nouveaux associés sont fragiles en début de carrière. Ils sont vulnérables et ultra sensibles aux critiques des autres. Certains prospects se feront un plaisir de verser des pensées négatives dans leurs esprits.

Sans un niveau de croyance suffisant en leurs entreprises, ils subiront beaucoup de turbulence. Les prospects peuvent déceler notre niveau de croyance envers notre entreprise dans nos expressions faciales, le ton de nos voix et nos mots. Les scripts et les compétences techniques ne peuvent pas masquer ça. Une croyance forte en notre entreprise doit être mise en place. C'est pourquoi nous allons prendre le temps qu'il faut pour insuffler la croyance dans l'esprit et le cœur de nous nouveaux équipiers.

Voici un scénario fréquent.

Notre nouvelle recrue nous contacte avec des larmes dans les yeux. Une demande de remboursement en mains il dit : « J'abandonne. Un inconnu m'a dit que personne ne fait d'argent en marketing relationnel. En fait, tout le monde perd de l'argent. Seuls les gens tout en haut de l'organisation font de l'argent. Tous les autres en perdent. On m'a aussi dit que les gens travaillent des mois, et même des années, sans jamais être payés. Je ne sais pas quoi répondre à cette objection, je dois donc me résigner à abandonner mes rêves. »

C'est une situation est simple à régler une fois qu'on sait comment. Nous allons utiliser des histoires et des analogies que nous allons leur transmettre d'une façon dont ils se souviendront.

Menons d'abord l'enquête pour découvrir pourquoi un étranger jetterait une telle dose de négativité sur les rêves de quelqu'un.

Cet étranger a sans doute connu une mauvaise expérience. Et c'est tout à fait humain d'appuyer nos jugements sur nos expériences passées. Voici un exemple.

Vous et moi allons au restaurant. Votre repas est excellent et vous lui accordez cinq étoiles. Le mien est affreux. Pas assez cuit, un goût infecte, et le serveur a toussé dans mon assiette entre la cuisine et notre table. Je n'ai pas du tout aimé mon repas.

Nous publions tous les deux notre évaluation du restaurant sur le web. Votre critique indique : « C'est ma meilleure expérience resto à vie ! Mes papilles s'emballent chaque fois que je repense à ce repas. Il m'arrive même d'y rêver la nuit. »

Mon commentaire sur ce restaurant ? « Ne mettez jamais les pieds dans ce restaurant ! À éviter à tout prix. Des esprits démoniaques travaillent dans les cuisines et les serveurs sont des vampires. Tenez-vous-en très loin ! »

Ce qui a pu arriver à notre prospect inconnu négatif nous semble maintenant évident. Il a vécu une mauvaise expérience. Et c'est l'information qu'il a retenue de sa mauvaise expérience : « Tout le monde perd de l'argent. Seuls les gens en haut font de l'argent, et tous les autres perdent beaucoup d'argent. Les gens travaillent durant des mois, même des années, et ne sont jamais payés. »

Pour cette personne, c'est une critique juste et on devrait respecter son opinion. Inutile d'argumenter avec un étranger négatif. Mais ça n'est qu'une version personnelle, et non la réalité. Nous allons y revenir dans un moment. Pour l'instant, occupons-nous de notre nouveau membre, déstabilisé par cette critique négative.

Allons-nous asseoir avec lui devant un bon repas. Nous allons utiliser des histoires et des analogies pour rétablir sa croyance envers notre entreprise.

L'histoire de la NBA.

450 millions de personnes dans le monde jouent au basket-ball.

Presque tous ceux qui jouent au basketball perdent de l'argent.

Ils dépensent de l'argent sur des chaussures de basket dispendieuses, endossées par des athlètes professionnels. Des centaines de dollars perdus. Ils investissent des années de pratique pour maîtriser leur 'dribblage' croisé. Faire la navette pour les pratiques et les matchs coûte aussi de l'argent. Plusieurs participent à des tournois et assistent à des camps ou des programmes de basketball dont les frais d'inscription sont faramineux. Certains investissent même dans un coach privé.

On peut difficilement penser à un investissement plus médiocre ! Je vous explique.

Des 450 millions de gens qui jouent au basketball, combien arrivent au sommet et gagnent beaucoup d'argent dans la NBA ? Quelques personnes seulement… et tous les autres perdent beaucoup d'argent. La plupart jouent donc des mois, et même des années, et ne sont jamais rémunérés.

Est-ce que ça signifie que personne ne devrait jouer au basketball ?

Bien sûr que non. Quelles sont certains des bénéfices que les gens retirent du fait de pratiquer le basketball ?

- L'activité physique. C'est excellent pour leur santé.
- Ils apprennent la valeur du travail d'équipe.
- Ils créent de nouvelles amitiés.
- Ils développent un réseau de connaissances.
- Ils réduisent le risque de devenir accrocs à leurs téléviseurs.
- Ils apprécient une saine compétition.
- Ils aiment le fait de jouer entre amis.
- Ils découvrent la valeur de la pratique pour accroître ses habiletés.

Est-ce qu'on contrôle la probabilité de pouvoir jouer un jour dans la NBA ?

Non.

C'est le coté moins amusant. On pourrait investir de l'argent et du temps presqu'à l'infini. Mais au bout du compte, nous sommes à la merci des dirigeants des équipes qui choisiront, selon leurs critères, les 17 joueurs qui feront partie de leurs alignements.

Oui, seul un très faible pourcentage de adeptes du basketball joueront un jour pour une équipe de la NBA, et gagneront beaucoup d'argent. Et tous les autres ? Ils devront se satisfaire des autres bénéfices énumérés plus haut.

En résumé :

- La NBA ne paye que les quelques joueurs qui seront sélectionnés.
- Il existe tout de même plusieurs autres bonnes raisons de jouer au basketball.
- Nous n'avons aucun contrôle sur le repêchage annuel de la NBA ou notre qualification pour une de ses équipes.

Je désire être une vedette de cinéma.

Combien de gens prennent des cours de théâtre au lycée ou à l'université ? Et combien d'entre eux rêvent de devenir acteurs ou actrices ? Seules quelques rares personnes au sommet de cet art gageront des millions de dollars pour jouer au grand écran.

Ils étudient avec assiduité et investissent dans des ateliers et du coaching. Ils offrent des performances gratuites tout au long de l'année. Personne n'est suffisamment rémunéré pour en vivre. Et la grande majorité ne récupère jamais l'argent investi en cours et en coaching. Sans compter que les gens se déplacent continuellement pour des auditions où ils seront la plupart du temps... ignorés. Et des photos professionnelles coûtent une fortune.

Et si on arrive un jour à mettre le pied sur un plateau d'Hollywood ? Nos chances de se démarquer dans un film sont minces.

Partout où l'on va, on rencontre des acteurs et des actrices sans emplois qui doivent travailler dans un autre domaine à temps partiel ou à temps plein pour joindre les deux bouts. Ils rêvent d'une carrière qui prendra un jour son envol. Des millions et des millions de personnes souhaitent devenir des étoiles de cinéma riches et célèbres. Mais les statistiques ne sont pas en leur faveur. Seules quelques exceptions gagneront le gros lot. Et pour les autres ? L'espoir de pouvoir continuer à couvrir les frais d'essence et les besoins essentiels en se croisant les doigts pour que la prochaine performance ou audition se transforme en tremplin vers la célébrité.

Est-ce que ça signifie que personne ne devrait devenir acteur ou actrice ? Bien sûr que non. Quels sont les autres bénéfices que les gens peuvent retirer de cet art ?

- La reconnaissance. Sur la scène, ils connaissent un moment de gloire.
- La chance de laisser libre cours à leur créativité.
- La fierté. Ils ont mérité le rôle en auditionnant contre d'autres.

- Un nouveau cercle d'amis qui adorent eux aussi performer sur scène.

Avons-nous le contrôle sur notre potentiel de devenir une star de cinéma ?

Non.

C'est l'envers du décor. On pourrait investir beaucoup d'argent et pratiquer pendant des décennies, mais nous sommes dépendants des besoins et caprices des producteurs et des équipes de casting. Les auditions sont des opérations de rejet de masse. Et même si un jour nous sommes choisis pour faire partie d'un film, est-ce que ce sera pour un rôle de premier plan ? Probablement pas. Les probabilités sont excessivement minces.

En résumé :

- Seuls quelques élus deviendront des stars de cinéma grassement payées.
- Il existe tout de même d'autres bonnes raisons de jouer la comédie.
- Nous n'avons aucun contrôle sur les auditions. Et notre avenir est entre les mains des autres.

L'histoire de « démarrer ma propre entreprise. »

On a entendu ça des centaines de fois : « neuf entreprises sur dix échouent durant leurs premières années d'opérations. »

Il existe une certaine vérité dans cet énoncé. Pourquoi les entreprises échouent ?

- Elles sont parfois lancées par d'anciens employés qui en sont à leur premier démarrage d'entreprise.
- Des capitaux insuffisants.
- De super compétences, mais aucunes reliées à la gestion d'une entreprise.
- L'économie locale qui tombe ou une récession qui sévit.
- Une compagnie mieux structurée capture leur clientèle.
- Une campagne de publicité trop coûteuse.

Oui, plusieurs facteurs peuvent jeter une nouvelle entreprise au tapis. Tous les investissements sont alors perdus. Il n'existe aucune garantie de succès.

Mais est-ce que cela signifie que personne ne devrait démarrer d'entreprise ? À quoi ressemblerait notre monde si c'était le cas ? Plutôt triste.

Plusieurs entrepreneurs travaillent fort, sans avoir une seule garantie de profit. Et pour les entreprises qui arrivent à survivre ? Certaines connaîtront le succès. Mais la plupart de celles qui demeureront en affaires fourniront à leurs propriétaires un revenu suffisant pour vivre ou pour compléter le budget familial.

Est-ce que les probabilités de devenir un entrepreneur à succès sont entre nos mains ?

Rien dans la vie n'est entièrement sous notre contrôle, mais les probabilités sont de loin meilleures !

On peut contrôler l'effort qu'on y consacre. On peut aussi contrôler le nombre de compétences qu'on désire acquérir. Mais aucun directeur de casting ou dirigeant d'équipe ne peut balayer notre carrière du revers de la main.

Existe-t-il d'autres avantages que le succès financier potentiel dans le fait de démarrer notre propre entreprise ? Oui.

- On acquiert de nouvelles compétences.
- L'opportunité de devenir notre propre patron.
- On agrandit notre réseau de contacts et d'amis.
- On choisit nos propres heures de travail.
- On a la possibilité de gagner plus d'argent qu'à titre de salariés.
- On offre un produit ou un service qui aide les gens.

Lorsque les gens démarrent leurs propres entreprises, un sourire illumine leurs visages.

En résumé :

- Seulement quelques gens d'affaires deviennent éventuellement millionnaires ou milliardaires.
- On est heureux lorsqu'on travaille à notre compte.
- Grâce aux compétences qu'on acquiert, on devient de meilleures personnes.
- On a davantage de contrôle sur notre succès que si nous étions comédiens ou encore, joueurs de basketball en quête de célébrité.

L'histoire du marketing relationnel.

Combien de gens souhaitent démarrer leur propre entreprise, mais ne veulent pas prendre de risques importants ?

On entend parler de réseauteurs superstars gagnant des revenus mensuels astronomiques. Bien entendu, ces gens constituent des exceptions. Mais à titre personnel, on peut s'emballer pour quelques centaines de dollars de plus par mois. À plus forte raison si...

- Nous n'avons pas l'opportunité d'augmenter nos revenus de manière significative dans notre emploi temps plein.
- Nous n'avons pas les liquidités pour investir et se lancer dans une entreprise traditionnelle.
- On ne veut pas mettre en péril la sécurité de notre famille en investissant de gros montants ou en contractant une dette importante pour acquérir une franchise.
- On ne peut pas se permettre de quitter nos emplois pour démarrer une nouvelle entreprise.
- On ne veut pas assumer la lourdeur des frais fixes importants, l'inventaire, et la gestion du personnel d'une entreprise traditionnelle.

Le marketing relationnel représente-t-il une véritable opportunité pour nous ? Oui.

En marketing relationnel, avec un minimum de liquidités, on peut investir temps et efforts pour développer une équipe d'associés et une clientèle fidèle dans notre propre entreprise.

Aurons-nous besoin de nouvelles compétences pour exercer cette profession ? Oui. Mais on peut investir et apprendre. On investira un peu d'argent pour nos produits ou matériel promotionnel, les frais de déplacement pour rencontrer les gens et assister aux formations. Et peut-être des frais de garderie de temps à autres ! Il y aura un coût.

Est-ce que tout le monde deviendra une superstar du marketing relationnel ?

Non. Pas du tout.

Pour la plupart des gens, le temps requis et les compétences à acquérir pour y arriver ne seront pas compatibles avec leurs objectifs de vie, ou ils sont peut-être trop impatients. Ou ils ont tout simplement d'autres objectifs plus importants dans leurs vies.

Est-ce que ça signifie que le marketing relationnel n'en vaut pas la chandelle ?

Bien sûr que non.

Quels sont quelques uns des autres bénéfices que les gens retirent de leurs entreprises en marketing relationnel ?

- Le développement personnel. (Je n'avais jamais entendu parler des « buts » avant de joindre une entreprise de marketing relationnel.)
- De nouveaux amis. Des gens positifs pour égayer notre vie sociale.
- Une expérience produit ou service fantastique.
- L'opportunité d'aider les autres et servir une cause.
- La possibilité de recevoir un chèque de commission pour augmenter nos revenus.
- L'espoir d'une vie meilleure et une équipe pour nous aider à y parvenir.

Avons-nous le plein contrôle sur les probabilités de devenir une superstar du marketing relationnel ?

Non.

Mais nos chances sont beaucoup plus élevées que celles de devenir une superstar du cinéma ou de la NBA.

La bonne nouvelle est que nous gagnons un certain contrôle sur notre avenir. Nous ne sommes pas à la merci de quelqu'un qui déterminera, pour une raison ou pour une autre, si « Nous sommes choisis » ou, « Nous ne sommes pas choisis. »

On peut accroître nos chances de succès en acquérant de nouvelles compétences et en travaillant plus efficacement. C'est une excellente nouvelle ! C'est très motivant lorsqu'on sait que nos efforts feront une différence.

Donc, peu de gens deviendront des superstars du marketing relationnel. Plusieurs autres gagneront un revenu temps plein. Et une foule d'autres développeront un revenu d'appoint. Puis la majorité des réseauteurs apprécieront les bénéfices des produits, l'environnement positif et les nouvelles connexions dans leurs vies.

En résumé :

- Seules quelques personnes deviendront des superstars du marketing relationnel.
- Plusieurs gagneront davantage d'argent.

- Les autres profiteront des autres bénéfices reliés au marketing relationnel.
- Et nous avons davantage de contrôle sur nos probabilités de succès.

Maintenant, au sujet des critiques négatives qui suggèrent que : « Personne ne fait d'argent ! » Pourquoi ces personnes sont-elles si critiques envers le marketing relationnel ? Elles ont vraisemblablement vécu de mauvaises expériences dans notre industrie, ou elles connaissent des gens à qui c'est arrivé.

Elles ont joint une entreprise de marketing relationnel pour devenir des superstars et ça ne s'est pas concrétisé. Ces personnes n'y ont probablement pas généré un bon revenu d'appoint non plus.

C'est en se basant sur leurs expériences qu'elles émettent une critique négative. Et il y a quelque chose de particulièrement intriguant à propos des êtres humains : on adore partager les mauvaises nouvelles.

Tout le monde n'obtiendra pas ce qu'il veut dans la vie. Mais ça ne signifie pas pour autant qu'on ne doit pas essayer. Pour plusieurs d'entre nous, le marketing relationnel est une occasion en or de changer sa vie.

Alors lorsqu'on connait un certain succès en marketing relationnel, on doit garder en tête que pour certaines personnes, ça n'a pas été le cas. Et pour celles-ci, l'opinion anti marketing relationnel est tout aussi fondée que la nôtre.

LORSQUE LES PROBLÈMES ET LES DÉFIS FRAPPENT NOS NOUVELLES RECRUES DE PLEIN FOUET.

Les problèmes ne prennent jamais congé. Peu importe le niveau de succès qu'on connaît, les problèmes cognent toujours à la porte de temps à autres.

Il en sera de même pour nouveaux équipiers, alors on veut leur enseigner à affronter les problèmes par eux-mêmes puisqu'on ne sera pas toujours à leurs cotés. On ne pourra pas leur tenir la main pour l'éternité. Et on ne peut pas les envoyer prospecter sur le terrain emballés dans du papier bulle.

Une autre option serait d'enseigner à nos nouveaux à éviter les problèmes. Malheureusement, c'est une tâche impossible. Les problèmes se cachent partout. On appelle ça « la vie. »

Naturellement, on pourrait aussi se porter à leur secours pour régler leurs problèmes. Ce pourrait être rapide et efficace. Cependant, on devra le faire souvent et… longtemps. Alors plutôt que de régler un problème pour eux, ou leur dire quoi faire pour le résoudre, on devrait les former pour qu'ils puissent régler les problèmes par eux-mêmes. C'est une opportunité pour nous de transmettre ce pouvoir à l'équipe.

Donnons-leur une ligne directrice à suivre. Dans ce cas précis, nous allons leur donner trois questions à mémoriser.

Question #1 : « Quel est le défi ou l'objectif qui nous empêche de progresser en ce moment ? »

Leurs réponses pourraient être : « Je me sens incapable de parler à de purs étrangers. » Ou, « Les qualifications pour le voyage offert par la compagnie sont trop élevées pour moi. »

On ne veut pas s'égarer dans des conversations qui vont dans tous les sens. On doit identifier la problématique clairement. Ça nous permettra d'orienter la discussion spécifiquement sur le défi en cours.

Question #2 : « Quelle compétence ou habileté crois-tu qu'il te manque pour résoudre cette situation ? »

Leurs réponses possibles ? « Je ne sais pas comment dénicher de nouveaux prospects. » Ou, « Je n'arrive pas communiquer avec les gens qui refusent d'écouter. »

Nous avons posé le doigt sur le problème. Le véritable défi qui les empêche d'avancer. Ils ont identifié clairement la compétence qui leur fait défaut et sur laquelle ils doivent travailler. Les problèmes sont plus faciles à adresser lorsqu'on les comprend, ainsi que leurs solutions.

C'est l'inconnu qui nous occasionne du stress.

Question #3 : « Que crois-tu que tu devrais faire pour la suite des choses ? Apprendre une nouvelle compétence ? Trouver une autre façon de résoudre ce défi ? »

Par exemple, imaginons qu'ils ne savent pas comment trouver de nouveaux prospects ? Ils pourraient acquérir de meilleures compétences pour le recrutement local. Cependant, peut-être sont-ils inconfortables avec cette option. Alors que peuvent-ils faire d'autre ?

Ils pourraient apprendre les rudiments du recrutement par les médias sociaux. Ils pourraient aussi investir en publicité. Ou encore, établir des connexions avec des influenceurs qui pourraient à l'occasion leur référer des prospects pré-qualifiés. Il faut bien l'avouer, nos nouveaux équipiers peuvent parfois manquer de ressources ou de motivation lorsqu'il s'agit d'acquérir une nouvelle compétence. Alors, soyons créatifs.

Les défis et les problèmes sont inévitables. Nous n'allons pas les laisser nous empêcher d'avancer. Nous allons leur enseigner ces trois questions pour qu'ils puissent continuer à progresser dans leurs carrières.

Quand doit-on mettre cette stratégie en branle ?

Sur le champ !

À partir du moment où nos nouveaux membres joignent l'équipe, plutôt que de leur donner toutes les réponses, on peut les guider dans ce processus en trois étapes.

Une fois qu'ils auront utilisé ce processus à quelques reprises, nos nouveaux équipiers ne craindront plus les problèmes. Ils verront les problèmes comme faisant partie intégrante de leurs entreprises. Et lorsqu'ils scront seuls face à une situation problématique, ils auront une méthode de résolution de problème pour les guider.

Le leader en marketing relationnel Simon Chan utiliser une citation percutante que j'adore :

« Il y a deux options principales dans la vie :

« 1. Vous pouvez accepter les conditions telles qu'elles sont, ou

« 2. Vous pouvez assumer la responsabilité de changer les conditions. »

Ça semble un peu brutal, n'est-ce pas ?

Parfois, il faut affronter la vérité, si cruelle soit-elle.

Cela dit, en tant que parrains futés, nous n'allons pas utiliser cette citation auprès de ceux qui ne disposent pas des outils nécessaires pour changer leurs situations. C'est le moment d'entrer en scène. Nous sommes des parrains expérimentés qui savent comment aider les gens à changer leurs conditions existantes. Nous allons donc proposer à nos nouveaux les activités qui leur permettront de changer leurs situations.

La stupidité commande l'empathie.

Est-ce que nos nouveaux équipiers feront des erreurs stupides ?

Bien entendu. C'est inévitable.

Quelle devrait être notre réaction ?

Notre cerveau émotionnel sera porté à être sévère envers eux.

Ne vous en faites pas. C'est normal. C'est facile pour nous de cataloguer notre nouvel associé dans la catégorie paresseux ou râleur la première fois qu'il commet une erreur stupide, on qu'on entend quelque chose de négatif sortir de sa bouche. C'est notre cerveau qui active son programme de jugement automatisé. Nous n'avons pas beaucoup de contrôle sur cette portion de notre cerveau.

Mais on peut jeter ces perceptions initiales aux oubliettes. Et plutôt que de juger ces premières impressions, on peut mettre à profit la magie de l'empathie.

Empathie signifie qu'on se glisse à l'intérieur de l'esprit des gens, qu'on plonge dans leurs expériences passées, et qu'on imagine ensuite ce qu'ils peuvent ressentir.

Les gens qui ne sont pas en accord avec nous ne sont pas systématiquement des idiots. En tant qu'humains, on prend les meilleures décisions possibles en se basant sur nos croyances, nos programmes, et l'information que nous avons à portée de mains.

Donc, comment les autres en arrivent-ils à de folles conclusions ? Pourquoi sont-ils en désaccord avec nous ? Pourquoi ne nous croient-ils pas ? Pourquoi agissent-ils comme ils le font ?

Parce qu'ils ont vécu des expériences différentes des nôtres. Les expériences nous aident à forger nos décisions et nos actions. Par exemple, si un chien nous a mordus étant jeunes, on peut souffrir d'une peur irrationnelle des chiens pour le reste de notre vie.

Tout le monde a développé des programmes qui dirigent une partie de leurs vies. Ces programmes proviennent entre autres des croyances qui nous ont été transmises par nos parents, nos professeurs, et oui, même par les histoires qui se répètent dans l'actualité. Même les mensonges évidents peuvent se transformer en « vérités » dans notre esprit lorsqu'on les entend suffisamment souvent. Certaines personnes appellent ce phénomène le « lavage de cerveau. »

Les gens ne font pas des pieds et des mains pour prendre des décisions stupides et idiotes qui rendent leurs vies misérables.

Cela dit, même si nous sommes des parrains expérimentés, on pourrait tout de même faire face à une certaine réticence envers à nos idées et nos suggestions. Posons-nous alors la question : « Pourquoi ? Qu'a pu vivre cette personne pour manifester une telle résistance ? »

On tente ensuite de comprendre en utilisant l'empathie. On peut poser des questions pour y arriver. Et on les laisse s'exprimer et expliquer leurs résistances envers nos idées et/ou suggestions. Cette approche offre plusieurs avantages.

Premièrement, on peut maintenant comprendre leurs points de vue. Leurs réactions prennent maintenant un sens. On peut demeurer en désaccord, mais on sait quel point de vue nous devrons les aider à modifier.

Deuxièmement, lorsqu'on comprend les autres, ils peuvent le ressentir. On crée un lien. La plupart des relations sont superficielles. Mais lorsqu'on investit le temps et les efforts nécessaires pour comprendre les autres, cela crée un sentiment de loyauté dans notre équipe. Personne n'aime les dictateurs qui donnent des ordres sans considération pour les autres points de vue ou encore, les impacts qu'ils ont sur autrui.

QU'EST-CE QUI NOUS REND MAGNÉTIQUES EN TANT QUE PARRAINS FUTÉS ?

On n'a qu'à se demander ce que nous aimerions retrouver chez notre propre parrain.

- Est-ce qu'on aimerait un parrain motivé ou démotivé ?
- Est-ce qu'on aimerait un parrain positif ou négatif ?
- Est-ce qu'on aimerait un parrain qualifié ou non qualifié ?
- Est-ce qu'on joindrait l'équipe de quelqu'un qui émet des commentaires négatifs envers les autres ?
- Est-ce qu'on joindrait l'équipe d'un parrain qui émet des plaintes envers la compagnie ?
- Est-ce qu'on s'associerait à quelqu'un qui tente de nous convaincre que toutes les compagnies dans l'industrie sont mauvaises sauf une ?
- Est-ce qu'on aimerait que notre parrain parle en mal des autres ?
- Est-ce qu'on voudrait d'un parrain qui n'a pas de temps à nous accorder ?

C'est facile de comprendre pourquoi certains parrains réussissent et d'autres éprouvent beaucoup de difficultés.

Quelque chose vous saute aux yeux ?

Les prospects ne veulent pas d'un parrain qui critique ou se plain à propos des autres et/ou la compagnie. Ils perçoivent ce dernier comme étant quelqu'un qui possède une piètre estime de soi et image personnelle.

Comment enseigner cette leçon à nos nouveaux membres ?

Dans notre industrie, il y a beaucoup de gens et de choses à critiquer, alors on ne peut pas garder la tête dans le sable tout en ignorant les problèmes et les situations négatives. Alors comment y faire face ?

Une façon « mature » de l'aborder est la suivante : « Comme dans toutes choses, il y a du bon et du mauvais. » Voici quelques exemples.

La compagnie augmente le prix de notre produit ou service. Notre réaction ?

« Un prix plus élevé signifie que nous devrons être plus performants lorsqu'on parle aux prospects. Le coté positif, c'est qu'un prix plus élevé permettra à la compagnie de faire suffisamment de profits pour demeurer en affaires. Ce qui est excellent pour nous. »

Et si quelqu'un dans l'équipe manque au code d'éthique ; comment devrions-nous commenter ?

« C'était un manque à l'étique. Les gens font des erreurs et manquent parfois de jugement. Le coté positif, c'est que cette personne a pris la décision de changer sa vie en joignant notre entreprise. Je suis convaincu qu'elle fera de meilleurs choix à l'avenir. »

Prendre la voie « la plus élevée » développe le respect.

Si on parle en mal des autres dans notre équipe, ils se demanderont ce qu'on dit d'eux lorsqu'ils sont absents.

On gagne le respect en respectant les autres.

ET POUR CONCLURE.

Nous avons un immense coffre à outils qui facilite notre travail. Voici quelques uns des outils que nous pouvons utiliser pour aider les autres à naviguer dans les eaux tumultueuses d'une nouvelle carrière :

- La reconnaissance et les compliments. Mary Kay Ash avait raison. Les Généraux savent que les hommes feront preuve de courage pour des médailles et des rubans. Les gens sont assoiffés de reconnaissances dans leurs vies. Il existe un vieil adage qui dit : « Les gens travaillent pour l'argent, mais sont prêts à mourir pour la reconnaissance. »
- Communauté. Les humains adorent faire partie de quelque chose. Nous sommes instinctivement des êtres sociaux. On désire être acceptés par le groupe. Et encore plus important, on veut se sentir confortables dans le groupe. Lorsqu'on aide les autres à intégrer notre communauté, ils apprécient nos efforts.
- Analogies. C'est impossible pour nous de bien comprendre quelque chose à moins de le comparer à autre chose que nous connaissons déjà. Les concepts abstraits sont vite oubliés. Nous allons donc fournir un point de référence à nos nouveaux équipiers pour chaque nouveau concept qu'ils doivent assimiler.

- Histoires. Le cerveau humain apprend mieux par les histoires. C'est notre méthode naturelle d'apprentissage. On se souvient des histoires. On n'a pas à mémoriser les faits.
- Attentes. Les gens réagissent en fonction de leurs attentes, et non selon les événements. On peut choisir de voir la plupart des événements de différents points de vue. Nous allons créer des attentes réalistes à la fois pour les bonnes et les mauvaises choses qui se produiront durant la carrière de nos nouveaux équipiers.
- Capacité à performer. Nous allons proposer à nos nouveaux membres des activités qui leur semblent agréables et qu'ils sont aptes à effectuer. Rien n'est plus frustrant que le sentiment d'incapacité à effectuer une tâche.

En tant que parrains futés, faisons preuve d'empathie et souhaitons plus que tout de pouvoir aider chacun de nos nouveaux équipiers à atteindre son plein potentiel.

MERCI.

Merci d'avoir acheté et d'avoir lu ce livre traitant de quelques unes des techniques de motivation utilisées en marketing relationnel. J'espère que vous y avez trouvé quelques idées qui fonctionneront aussi pour vous.

Avant de vous laissez, accepteriez-vous de me faire une petite faveur ? Pourriez-vous prendre une toute petite minute pour rédiger une phrase ou deux afin d'évaluer ce livre en ligne ? Votre évaluation aidera d'autres entrepreneurs à choisir leur prochaine lecture. Ces commentaires sont grandement appréciés des autres lecteurs.

Ce livre est dédié aux gens de marketing
de réseau de partout.

Je voyage de par le monde plus de 240 jours chaque année.
Laissez-moi savoir si vous souhaitez que tienne une
formation (Big Al Training) dans votre secteur.

→**BigAlSeminars.com**←

Tous les livres de
Tom « Big Al » Schreiter
sont disponibles à :

BigAlLivresEnFrancais.com

D'AUTRES LIVRES DE BIG AL BOOKS

BigAlLivresEnFrancais.com

Les Quatre Couleurs de Personnalités

Les BRISE-GLACES !

Comment établir instantanément Confiance, Crédibilité Influence et Connexion !

PREMIÈRES PHRASES pour Marketing de Réseau

La Présentation Minute

Comment développer votre entreprise de marketing de réseau en 15 minutes par jour

Tout Sur les Suivis Auprès de Vos Prospects en Marketing de Réseau

Guide de Démarrage Rapide en Marketing Relationnel

L'histoire Deux-Minutes pour le Marketing de Réseau

Comment Développer des Leaders en Marketing Relationnel Volume Un

Pré-Conclure en Marketing Relationnel

3 Habitudes Faciles pour Marketing de Réseau

Créer un Pouvoir d'Influence

Comment Développer une Entreprise de Marketing de Réseau Axée sur la Nutrition Rapidement

Comment Capter L'Attention de Vos Prospects et La Maintenir !

Comment Obtenir des Rendez-vous Sans Rejet

À PROPOS DE L'AUTEURS

Keith Schreiter cumule plus de 20 années d'expérience en marketing relationnel et à paliers multiples. Il enseigne aux réseauteurs comment utiliser des systèmes simples pour ériger une entreprise stable et en perpétuelle croissance.

Alors, vous avez besoin de plus de prospects ? Souhaitez-vous que vos prospects s'impliquent plutôt que de tourner en rond ? Vous aimeriez savoir comment engager votre équipe et la maintenir en mouvement ? Si ce sont les types de compétences que vous aimeriez maîtriser, vous adorerez son style « ABC - guide pratique. »

Keith donne des formations et conférences aux États-Unis, au Canada et en Europe.

Tom « Big Al » Schreiter possède plus de 40 ans d'expérience en marketing de réseau et marketing à paliers multiples. En tant qu'auteur des livres classiques de formation « Big Al » publiés à la fin des années '70, il a depuis offert des conférences et ateliers dans plus de 80 pays sur comment utiliser des mots et des phrases précises pour entrer dans la tête des prospects, ouvrir leur esprit et leur faire dire « OUI. »

Sa passion réside dans les idées marketing, les campagnes promotionnelles et les techniques pour s'adresser au subconscient de façon simple et efficace. Il est toujours à l'affut des phénomènes et campagnes marketing innovatrices qui fournissent bien souvent de nouvelles clés.

En tant qu'auteur de nombreuses formations audio, Tom est un orateur très prisé dans les conventions annuelles et les événements régionaux.